中世を道から読む

齋藤慎一

講談社現代新書
2040

■目次

【凡例】

・典拠とした史料は筆者が現代語訳した。出典については本文中でその都度示し慣例に従って資料集の掲載番号を付した。

・本文中の資料集の表記は簡略なものである。主要なものについては巻末に「主な参考文献」として書誌情報をあらためて明示した。

・日付等は旧暦による。

・地名等の表記については史料そのままの表記を活かした部分もあり、必ずしも統一はとれていない。

はじめに

疑いはじめたら、きりがない

戦国時代の政権のたとえとして、江戸時代より知られた風刺がある。

織田がつき　羽柴がこねし天下餅　すわりしままに食うは徳川

織田信長《おだのぶなが》、豊臣秀吉《とよとみひでよし》と築き上げ、そしてそれを引き継いだ徳川家康《とくがわいえやす》という統一政権の成り立ちを語っている。歌に合わせて錦絵も出版され、先人が苦労して築いたものを、徳川家康がやすやすと手に入れたという、幕政批判として捉えられたこともあった。しかし、いまも語り継がれる内容には、新しい時代を創造した織田信長や豊臣秀吉の努力、そして家康による完成の姿も読み込まれているように思う。新たな世の中の到来を語ったものとして。新しい時代を期待して政権交代を選択した二〇〇九年総選挙のときに通じる雰囲気があるのではなかろうか。

　織田信長は〝楽市楽座〟の政策を実施し、関所を撤廃したという経済通の政治家として知られる。伝統的な経済システムを廃し、新しい流通機構をもたらしたと。たしかに時代を転換させ、新しい時代をもたらした。また豊臣政権から徳川政権初頭にかけて、全国を網羅する街道が整備されたと日本史教科書にも記載されている。五街道などの本街道や脇街道などである。交通に見る様相は、たしかに時代の転換点を示すかのように語られている。

　中世の関所とはいわば関税のように経済的な負担を課していた施設と考えられている。信長にしてみれば確かに流通の障害であったのだろう。

　しかし、日本史教科書には江戸時代にも関所は登場する。交通上の施設として解説されている。撤廃された関所が江戸時代にもある？　どうやら、戦国時代と江戸時代の関所は、その内容が違うらしい。信長はほんとうに関所を廃止したのか？

　懐疑的な見かたをすると、五街道だって同じである。たとえば東海道。中世にだって東海道はある。時代の転換点に突如として出現するわけではない。とすると、実際のところはどうなのか？　ホントに信長や秀吉、家康はすごいのか？

わからないことだらけ

〝道は未知〟。この駄洒落《だじゃれ》を会の名称にしてしまった中世史の研究会がある。それほどに中世の道についてはわからないことが多い。

古代では道幅が広く両側に側溝をもつ大規模な直線道路の官道が知られている。発掘調査で検出される官道は、まるで高速道路の建築現場かと見まがうほどのスケールである。じつに規模の大きな道である。

また近世では日本橋を基点とした五街道が著名である。『五街道分間延絵図』の絵巻物や歌川《うたがわ》（安藤《あんどう》）広重《ひろしげ》の『東海道五十三次』の錦絵など、数多くの絵画資料が伝えられており、五街道は各地の博物館で欠かせない展示テーマになっている。

これらに比べて中世の道はどうか。古代や近世に比するような明確な答えは返ってこないだろう。人によっては鎌倉街道が、という反応があるかもしれない。しかしその具体像は本書でも触れるとおり、まだまだ明確ではない。イメージされている中世の道はかなり貧弱である。道幅が狭く、自然地形に規制されて〝ぐにゃぐにゃ〟と曲がる。そして所々で切り通しにして丘陵を越える。その両側にはあるいは鎌倉武士が弓矢を構えるような場所がもうけられていたかもしれない。このような印象ではなかろうか。

発掘は進んでいる

近年、中世の道が発掘調査で出現しつつある。道の両側に家々が立ち並び、市《いち》や宿《しゅく》の景観が現出した。発掘調査では定番の陶磁器ばかりではなく、職人の道具も出土しており、さまざまな人の活動が想像されるようになってきた。なかには街道に門が構えられていた事例もあった。

栃木県小山《おやま》市で発掘された中世道を案内されたときは驚いた。道幅は五メートルを超え、両側に側溝がある道だった。検出された道の推定延長線上では、すでに数ヵ所で発掘調査によって道が確認されていた。延々と直線に連なって、小山市域を南北に貫いていたことがわかった。北は栃木県宇都宮へ、南は茨城県古河《こが》へと結ぶ。まさに奥の大道の一部であった。鎌倉幕府は治安維持をめざして道の警固《けいご》を命じた。また多くの鎌倉武士が上下に行き交った。このような景観を想像すると、やはりロマンは膨らむ。

発掘調査で出現する中世道は、まだまだ件数として少ない。そして検出された道も長い道の全体像であるはずもなく、全行程のわずかな一部分で、点が発掘されたにすぎない。しかし点といえどもその情報量は多く、じつに多様なことが考えられる。いままでのイメージやいわゆる「常識」では太刀打ちできない。やはりまだまだ〝未知〟なことが多いことに気づかされる。

文献資料に発掘調査結果などを組み合わせ、関東平野のような広い空間のなかで道を考えてみたらどうなるであろうか。道はなぜここを走っているのか。どこを基点として、いずこの終点に向かって結ばれているのか。

道から中世を読む

現代の道といえば、高速道路から国道、県道、市道さらには私道までも含め、制度的に多様に分類された道がある。感覚に即して言えば、遠隔地を結ぶ道、近接地に連絡する道、村の道。このように整理すれば、その分類のレベルでは中世の道であっても大きな差はないであろう。しかし本書において分類されたすべての道を網羅して論じることはできない。さしあたり遠隔地を結ぶ幹線道路、現代で言えば高速道路にあたるような道を課題として考えたい。

いま、高速道路を問題とすると言えば、政局の重点となる問題との関連を聞かれるかもしれない。しかし直接にその問題との関連を意図したわけではない。中世の幹線道路はいかなる環境や条件のもとにあったか。このことを中心に中世社会の実像に迫ってみたいというのが意図である。実直に中世を考え、その延長に現代につながる問題をくみ取っていただければ、それもまたよいであろう。しかし、それ以上に中世の道について、現代では忘れ去られてしまったことが多い。なぜ忘れ去られたか。現代にいたる歴史がその条件を克服してきたからにほかならない。その忘れ去られたことを掘り起こし、中世の道をとりまく歴史像を語ってみたい。

執筆においては、現代との対比が構想にあった。ゆえに登場するフィールドもみずからが生活の場とする関東平野が中心となった。この広い平野のなかを、中世の道ははたして現代の交通網と同じように縦横無尽に走っていただろうか。どうもそうではないらしい。限界をかかえて中世の道が敷設され、そして課題のすべてを克服することなく近世社会へ、五街道へとバトンタッチされたようである。

本書では、たとえ限界があるとはいえ、中世の道を掘り起こし、身近な話題を通じてその社会を覗きこんでみたい。

第一章　路次不自由

1　古文書は語る

上杉朝興の書状

いきなりであるが、戦国時代の街道は不便であったという話である。戦国時代の古文書を見ていると「路次不自由」とか「通路不自由」という文言をしばしば見かける。街道の通行が思うに任せないということを記しているのであるが、その背景には、はたしてどのような事情があったのであろうか。戦国時代の交通事情を考えるため、これらの文言の検討からはじめてみたい。

まずは「路次不自由」である。大永《だいえい》五年（一五二五）三月に出された扇谷《おうぎがやつ》上杉《うえすぎ》氏の当主朝興《ともおき》の書状。その冒頭の記述である。

近年は「路次不自由」なので、細かくは連絡をすることができませんでした。意外に思われるかもしれません。（北区史305）

あて先は長尾《ながお》信濃守《しなののかみ》。すなわち上杉謙信《うえすぎけんしん》の父親であり、当時の越後国の実権を握っていた長尾為景《ためかげ》である。

この長尾為景にたいして「路次不自由」の文言が、近年において連絡ができなかったことをお詫びする言い回しのなかで使用されている。当時、扇谷上杉家は南より北条氏綱《ほうじょううじつな》の圧力を受け、大永四年（一五二四）に江戸城（東京都千代田区）を失い、本城の川越城（埼玉県川越市）も落城・再興といった一進一退の状況にあった。そのような情勢のなかでの書状である。上杉朝興が意図した本来の主旨は、この書状に書かれることなく、家臣である三戸《みと》義宣《よしのぶ》が添えた書状に詳しく書かれた。その主旨とは救援のために越山してほしいという要請だった。

朝興の書状は単に挨拶であり、その冒頭が連絡のできなかったことにたいするお詫びなのである。

おそらく近年であれば、「このところ実に忙しく」とか「不在であったため」などと断り書きをするところであろう。その書き出しに「路次不自由」の文言が使用されているのである。時代が違えば、断り書きも異なるといったところであろうか。それにしてもむずかしい交渉を切り出すのにふさわしいとして選ばれた最初の挨拶が「路次不自由」であった。このことは、戦国時代人の感覚を如実に語ったものなのだろう。

言いわけの挨拶

次は年代が未詳であるが、同じく扇谷上杉氏で朝興の養父である上杉朝良《ともよし》が、陸奥《むつ》国岩城領内にいる紹公知蔵《しょうこうちぞう》禅師にあてた書状である。

そちらさまが「御入」（入道の意味か。筆者注）されたとのこと、このたび初めて知りました。「路次不自由」のため、疎遠であったように思われるでしょうが、そのようなことは本意ではありません。西堂へ書状で申しましたので、よくよくご伝達をお願いするところです。（北区史281）

本来は知っているべきことを上杉朝良は知らなかった。そのことのお詫びとして「路次不自由」と書き記している。ここでも言いわけとして「路次不自由」が記されている。

また扇谷上杉家の家臣である太田道灌《おおたどうかん》も、書状で同様な言葉遣いをしている。

近日は「通路不自由」なので、思ってはおりましたが、賄いにはおよびませんでし

た。残念とはこのことです。　（北区史229）

太田道灌と同じ言葉遣いは古河公方足利義氏《こがくぼうあしかがよしうじ》の書状にも見られる。

それ以来は「通路不自由」であったので、申し遣わしませんでした。

（戦国遺文古河公方八六六）

家臣野田氏へ送った書状の冒頭である。この二通は「路次」が「通路」に替わっただけなので、同じ言葉遣いの言い換えと考えてよいだろう。

これらの事例は書状の挨拶に登場するまさに言いわけである。おそらく書状の受け取り手も「これならしかたがない」と思うだけの十分な挨拶だったのだろう。「路次不自由」「通路不自由」の文言は、このような言いわけの挨拶としてしばしば見られる。

しかたない

一方、元亀《げんき》二年（一五七一）八月八日に常陸《ひたち》国にいた太田資正《すけまさ》に出した上杉謙信の書状はやや違った言葉遣いをしている（上越市史一〇五九）。冒頭に「急いで筆を馳せました」と

述べ、書状の終わりにおいて、

「路次不自由」なので、そのことを念頭に置いて早々にお手紙をいたしました。

と書き留めている。言いわけというほどに強い意志が表現されているわけではないが、この言葉遣いに手紙を確実に届けなければならなかったのでという配慮があったことが読み取れる。はたしてどのような事情なのだろうか。

元亀四年（一五七三）三月に北条氏政《うじまさ》が会津の蘆名《あしな》家に送った書状でも「路次不自由」の状況が述べられている。

急いでお手紙申し上げます。そもそも以前にたびたび申し上げましたが、敵地の麦秋に影響を与えるため、下野《しもつけ》口に向けて近日に出陣いたします。内々に計画のすべてについて考えを申し述べたかったのですが、「路次不自由」なので、できませんでした。願わくば中旬になりましたら、佐竹に向かっての御出張を希望いたします。

（小田原市史一一二五）

いくぶん言いわけ気味でもあるが、ここでも「路次不自由」という状況が戦国大名間の連絡を阻んでいるようすがうかがえる。

単に言いわけにのみ使用される文言ではなく、なんらかの実態があり、影響をこうむっていたことはまちがいない。ゆえに手紙を受け取った人物も納得せざるをえなかったという関係になるのだろう。

「通路不自由」

同じことは「通路不自由」にもある。元亀三年（一五七二）の常陸国の領主である小田《おだ》氏治《うじはる》が、越後上杉家の家臣である井田《いだ》与三右衛門尉《よさえもんのじょう》にあてた書状のなかである。

> 御帰国以来は「通路不自由」なので、申し入れませんでした。そのためいろいろと考えることがありまして、この度、申し入れました。しかるべきようにお取り扱いください。
> （上越市史一〇九七）

この事例は、先の「路次不自由」の状況より一歩進んで、連絡を取りたくても諦めなくてはならないほどに「通路不自由」だと語っており、街道の交通が不通に近い状態が生じていることがうかがえる。
同様の「通路不自由」は、常陸国の戦国大名佐竹義重《さたけよししげ》が太田道灌の曾孫にあたる康資《やすすけ》に送った書状にもある。

子細のこと、その聞こえが重要であります。このように紙面に書き記しました。越後上杉勢も出勢してきっとその口に後詰めすると考えます。当方よりは「通路不自由」なので、相互に通信ができないでいます。そこでこちらの手慣れの者である佐竹東義久より申し越します。

（千葉県の歴史3-四五-一二-分）

文意から太田康資は佐竹氏や上杉謙信と協調関係にあることがわかる。
当時、太田康資は安房《あわ》国の戦国大名である里見《さとみ》氏に身を寄せていた。所在地は明らかにならないが、房総半島内の拠点に在城していたのであろう。常陸国太田と房総半島という地理関係で書状が出されていることになる。そしておそらくは関東に出陣中の上杉謙信との間であろうが、佐竹氏との連絡は、先の小田氏治の事例よりさらに一歩進んで街道が不通であると解せるほどの「通路不自由」である。

流動的な語感

「路次不自由」や「通路不自由」の言葉遣いは、万人周知なほどに交通がきわめて悪い状態であると語っている。加えて、言いわけとして使用されたとしても、書状の受け取り手にとっても状況が十分に理解されるほどだったのである。このことがまず文意からわかる。

「路次不自由」の言葉遣いの背景にある実態とはどのようなことなのだろうか。そもそも「路次」は「通路」にも代替されているように道と解せる。しかし「不自由」とはどのような内容なのだろうか。〝道が不自由〟ではどうもしっくりしない。現代では類似する言葉遣いとして、「道が不便」というときがある。語義に即して丁寧に解すれば〝道路が便利ではない〟となる。現代の感覚なら、高速道路や幹線道路が通じていないことを予想するのだが、戦国時代にはたしてどれほど道の設備にグレードの差があったろうか。この言いかたとは意味が異なりそうである。

どうも「路次不自由」の実態は、このような便利に類する意味とは微妙に異なりそうである。そもそも「不自由」は「自由でない」であるから、思いどおりにならないという意味である。つまり〝道が思いどおりにならない〟という解釈になる。

固定したハードとしての道があり、それが便利ではないという現代の感覚とは異なって、中世では思いどおりになったり、ならなかったりする。「路次不自由」はそのような流動的な語感を伝えている。

流動性ゆえに思うとおりにならない。この微妙な感覚の中世の道とは、はたしてどのようなものなのであろうか。

2 戦国人の時空間

遠路はるばる

「遠いところわざわざご苦労様でした」という挨拶に、どこかで接したことはあるであろう。少々堅く言えば、「遠路はるばるご苦労」となるであろうか。訪問の節に登場する挨拶である。思いやりを含んだ、じつに温かい言葉である。

都市に住む人たちにとっては、交通環境がすこぶる整備されたことにより、なんとなく定型化しつつある挨拶に思えるかもしれない。しかし、ついこのあいだまでは遠路であるということは、まちがいなく通行が困難である条件のひとつであった。そしてけっして忘れてはならないことであるが、現在においても交通不便な地にあっては、まだまだ重みのある挨拶である。

あるいは「路次不自由」の背景に、「遠路」があるのではなかろうか。事実、戦国時代の書状にはこのように解せる場合がある。

不断に御床敷《ゆかし》くございますが、「遠路不自由」のため、節々とは申し上げませんでした。

（新横須賀市史二二七三）

上杉朝良は書状でこのように書き出している。「路次」を「遠路」に置き換えただけであり、内容的にも言いわけとしての言葉遣いなので、「路次不自由」の背景のひとつに〝遠い〟という条件があったと考えてよいであろう。

永禄《えいろく》三年（一五六〇）、越後国から関東平野に軍勢を進めた上杉謙信（当時、長尾景虎《かげとら》。以下、煩雑なので上杉謙信に統一する）は、翌年に北条家の本拠地である小田原を攻めた。鎌倉で鶴岡八幡宮に参詣し、関東管領《かんとうかんれい》を継承し、越後国へと帰国する。このときに関東各地の領主の多くは謙信の傘下に集まった。このなかには北条家の圧力に苦しんでいた領主もいたであろう。

しかし、謙信が帰国するとその影響力は弱まり、即座に北条家の圧力が増す。北条家の当面の対象は武蔵国内の勝沼《かつぬま》（東京都青梅市）に拠点を構える三田《みた》氏であった。

北条氏康の空間認識

勝沼は上杉勢力の南端にあたり、北条領国の由井《ゆい》（東京都八王子市）と街道を通じて睨《にら》み合う位置にあった。

この状況を案じた下野《しもつけ》国の那須《なす》資胤《すけたね》が、上杉謙信になんらかの提案をした。それへの謙信の返事は七月三日に出された。

勝沼口について、お考えをお示しいただきました。遠路の厚いご懇意、御礼の言いようがありません。

（上越市史二七九）

本来ならまったく連絡がなくとも不思議がないほどに遠いところにいらっしゃるのに、特段の、というニュアンスが、書状の「遠路」から読み取れる。深読みをすれば、おせっかいにもと皮肉が読めるのかもしれない。しかしおそらくここでは基本的に現代の挨拶とかわりない意図で、素直に感謝する気持ちを表現しているのであろう。

同じような言葉遣いは多々見られる。

上杉謙信は天正《てんしょう》二年（一五七四）の三月十八日付けで、「気遣って遠路を凌いで御使いをいただき、祝着《しゅうちゃく》です」（上越市史一一九六）と書き出す書状を常陸国江戸崎城（茨城県稲敷市）を本拠とする土岐《とき》治英《はるふさ》に送っている。ここでも遠路ということが両者を隔てる条件のひとつであることがうかがえる。

同様の主旨は「遠境」という語彙にもこめられている。北条氏康《うじやす》が佐竹義重にたいしておこなった政治交渉について、氏康は、

とりわけ佐竹家との関係について、一両度にわたって意見をおこなったのですが、納得がありませんでした。「遠境」といい、私たちの助言が届きませんでした。

（小田原市史四四五）

と南奥の白川《しらかわ》（結城《ゆうき》）晴綱《はるつな》に申し送っている。

北条氏康がもっていたなんらかの空間認識があり、その遠い境にいる佐竹氏には自分たちの意見が理解されなかった。反対におそらくその空間認識の内側なら理解させる可能性があったという関係になるのだろう。〝遠い〟という距離感が、両者の協調関係を阻む要因であったことが具体的に示されている。

越後から関東は遠い

永禄三年（一五六〇）、初めて関東平野を訪れた上杉謙信は書状において盛んに〝遠い〟という表現を用いる。

常陸・下野両国からの参陣がない状況に痺れを切らした上杉謙信は、その説得に下野国にあった龍渓寺の住職を派遣する。その書状の一節はこうである。

このたびは山内上杉憲当（憲政《のりまさ》）の関東入国に供奉《ぐぶ》して参り、この口（上野国《こうずけ》）に在陣しております。これにより常陸・下野両国の諸家中やその他に、出張して参陣するようにたびたび催促しましたが、「遠境」のためでしょうか、そのような首尾がなく、いまに遅れております。そこで御苦労ではありますが、彼の口におもむいて、彼らを引き立てることが肝要に思います。

（上越市史二一八）

注目したいのは、常陸・下野両国の領主が参陣しない理由として、〝遠境のためでしょうか〟と述べている点である。ここでも両者間を隔てる要因としてこの語が使用されている。しかも、本来の原因は別のところにあることはまず熟知しているにもかかわらず、事態を穏やかに表現するためにこの語を使用していることに注意を払いたい。「遠い境にいるならば、本来はしかたがないのだが」と、味方に参陣のない緊迫した状況にたいしてそれを緩和する表現として使用している。

あるいは越山に関して自分自身がたいへんな思いをしたのであろうか。その困難な体験をしたゆえに、遠いからしかたないという言葉遣いに結びついたのであろうか。次の書状でもそんな片鱗がうかがえる。

正木時茂《まさきときしげ》は、「遠境」にいるのだけれども、年来特別に自分にたいして申し通してきたので、原胤貞《はらたねさだ》方を替えと考える覚悟はまったくない。（上越市史二一九）

「本来は自分に好《よしみ》を求める必要がないほどの遠い場所にいるにもかかわらず、わざわざ」という意識が、この書状の行間から読み取れる。

時間がかかる

永禄十二年（一五六九）、越相交渉のために越後国に派遣されることが決まった相模の北条家家臣の遠山康光《とおやまやすみつ》は、同行を北条氏康より命じられた夏昌斎《かしょうさい》を労《いたわ》り、上野国の由良成繁《ゆらなりしげ》に書き送っている。

まことに老足であり、かつは炎天、山路、遠境、かれこれもって御大儀であるのだが。

（上越市史七七〇）

現在も懸念される老足・炎天・山路と並んで「遠境」が、困難条件のひとつに数えられている。

遠路であれば、はるばるとやってくることはたいへん。当然のことながら、このような意識があったはずである。

永禄六年（一五六三）、上杉謙信の関東越山に対抗して、北条氏康は諸領主を自身の味方に引きつけようとする。そのさいに南奥の白川晴綱との連携を進める。

仰せのように、今年はまだご連絡をしておりませんでしたところ、初めて御札をいただきました。本望に存じます。向後はとくに申し談じます。さて、佐竹義昭が途中まで出陣したとのことです。このときは小田・那須両氏と示し合わせて、一途の手立てを願います。小田原は「遠境」なので、小田氏治・結城晴朝《はるとも》・那須資胤と相談することが重要です。恐々謹言。

（小田原市史五五六）

上杉謙信と結ぶ佐竹義昭が白川晴綱を攻めるために軍を起こしている。その状況にたいして、北条氏康は「遠境」のために即座の行動が取れないと書き送り、代替策として北関東の諸領主との連絡・相談を依頼している。明らかに「遠い」という条件が共同の行動を阻止する原因であった。

では即座の行動が取れないとはどのようなことを意味しているのか。当然のことながら即座の出陣の可否が含まれるが、ここでの文意はやや異なる。

佐竹義昭の出陣にたいして「小田・那須両氏と示し合わせ」を求め、小田原が遠いから「小田氏治・結城晴朝・那須資胤と相談する」ことを要請している。つまり即座の連絡が取りがたい状況を念頭に置いている。とりわけ後段では遠いから自分氏康の指示を受けずに四者で相談するようにと、三者の主体性を認めるという内容になっている。遠いということのマイナス状況に対応した書状である。

そのマイナス要因のひとつには当然のことながら時間がかかるということがある。永禄十二年(一五六九)、武田《たけだ》信玄《しんげん》の駿河侵攻にさいして、北条家では領国の西方面に軍勢を派遣する。その一環で古河公方足利義氏も配下の野田氏に出陣を命じる。

「遠路」であるので、徒歩の者、弓の者とを出発させることが重要である。

（戦国遺文古河公方九二〇）

伝達のなかでこのように書き記している。明らかに〝遠いから時間がかかる〟という認識があり、そのうえでの命令が出される。遠いから時間がかかる。あたりまえのことではあるが、重要な問題である。

書面をもって申し入れます

越相交渉の協議項目について、北条氏康は上杉家に箇条書きの文書を送る。上杉家家臣松本景繁《まつもとかげしげ》からの協議項目を記した条目に対処して、氏康が公方職、関東管領職および関東の領土協定について、意見を述べたものである。その冒頭のところに興味深い書き出しがある。

「遠路」での口上は届きがたいと思ったので、思慮を捨てて糊付けの書面をもって申し入れます。

（上越市史七二二）

冒頭の表現はあまり古文書のなかに見られない言いまわしであるが、明らかに、遠いから使節の言上では自分の意思が届かないと述べている。

文書なら届くと確信しているのに、なぜかこのように危惧する。この背景には、使者が内容を忘れるなどの問題を想定しなければならないだろう。耳のそばでフレーズを伝える伝言ゲームではないが、使者となった者が時間の経過のなかで、聞いた内容を変えてしまうことを恐れたのかもしれない。遠路の困難条件のひとつにこのような問題もあった。「遠い」という状況は、前近代社会にあっては断絶の状態であってもしかたがないということと結びついていた。

現代でこそ、手紙のほかに電話やファックス、そして近年では電子メールなどで意思疎通がはかれる。それで事が足りなければ、「しかたがないから会いに出かけるか」ということになろう。

しかし当時はそれがほぼかなわない。それを強いてということならば多大な労苦がかかり、その返礼としての賞賛・感謝ということになる。おそらく現代社会における「遠い」という語彙がもつ奥底での重みは、前近代社会に比べてかなり小さくなっているということになる。

しかし、本題としていた「路次不自由」の内容には、必ずしも「遠い」ということは含まれないことがあるらしい。

微妙なニュアンス

たとえば、弘治《こうじ》二年（一五五六）十一月に下総《しもうさ》国の結城政勝《まさかつ》が白川晴綱にあてて送った書状では、

そちらさまはどこにお移りになられたのでしょうか、「遠路」といい、「通路不自由」といい、いっこうにそのお話がありません。寒気の時分に御修行、いっそうのご辛労のいたりに存じます。おそらく佐竹領での御越年になるのでしょうか。

（牛久市史4-20）

と尋ねている。

また、永禄四年（一五六一）に上杉謙信の関東への越山を知った陸奥国の伊達《だて》晴宗《はるむね》は、武田信玄にあてた書状のなかで、

内々にはこのような内容を早くそちらに申し届けたかったのです。ですが、「遠境」

といい、「通路不自由」といい、そのためにそのようにできませんでした。

（戦国遺文武田氏四三四二）

さらに永禄年間に下野国小山（栃木県小山市）の小《お》山《やま》高朝《たかとも》が下総関宿《せきやど》（千葉県野田市）の簗《やな》田《だ》晴助《はるすけ》に送った書状では、

越後府中に派遣する使者を立てられたことについて、御書を頂戴いたし、謹んで拝見いたしました。先日も網戸宮内太輔の手筋で御請けをいただきました。「遠境」といい、「往還不自由」であるので、越後府中に参着しませんでしたでしょうか。一段と心配しております。

（千葉県の歴史4東京都六六一二）

これらは「遠路」などの文言が、「通路不自由」などと並列して記載される。この状況を見ると、「遠い」ということは交通上の困難条件のひとつではあるが、必ずしも「路次不自由」の内容そのものではないことになる。謎解きの矛先は別のところに向けなくてはならないようである。

3　政治・軍事・自然

「調わない」とはどういうことか

永禄十一年（一五六八）末、武田信玄は今川・北条と結んでいた三国同盟を破棄し、駿河国に攻めこんだ。東国の政治情勢は大きく揺れ動き、周辺の大名は対応に追われた。その情勢のなかで佐竹義重が会津蘆名家に使者を送った。この使者派遣の意図は駿河国内で対陣する武田勢と北条勢の情勢を伝え、北条対策を蘆名家と打ち合わせることだったが、会津までの通路には困ったようである。佐竹義重は蘆名家の家臣金上盛備《かながみもりはる》に、

路次が調《ととの》わないために北国を通過する。そのため御領国の境をまちがいないように頼みます。

（新潟県史三二〇二）

路次において、なんらかの条件が調わなかった。このときに念頭にあった「路次」は特定の街道と考えてよいであろう。その街道の条件が調わなかったので、別の街道である北

国の街道を通った。
当初案の街道ではだめでも代替案があるということは、普遍的な条件が調わないためにすべての街道が使えないということではなく、特定の理由があって当初の街道に障害があったことになる。しかしこの調わないとはなにを意味するのであろうか。あるいは、三国同盟の破綻という政治的・軍事的要因が影響してはいないだろうか。

敵領通過

上杉謙信が関東平野に越山していたころ、関東の諸将は盛んに上杉家に連絡をとる。下野国の小山秀綱《おやまひでつな》は、上杉家と北条家に挟まれて頻繁に窮地に立たされた領主である。その秀綱が越後国の上杉家家臣にたいして自らの家臣の岩上筑前守を使者として派遣した。派遣先はおそらく上野国沼田と思われるが、その地の上杉家家臣が越後府中の山吉豊守《やまよしとよもり》に小山秀綱からの使者の来着を報告した。連絡を受けた山吉は岩上あてに書状を出す。

小山秀綱の使者としてその地（沼田か）までお越しになられたのでしょうか。ただいまの時分に、まことに敵地を凌いで使者をいただきましたこと、ほんとうに申し尽くしがたいことであります。当越後府中までは遠路ですので、河田重親《かわだしげちか》に直接に相談してください。この者は河田長親《ながちか》の叔父にあたりますので、万事に必要なことを申しつけてください。その地の実城《みじょう》（城の主要部、本丸）に配属されていますので、少しも御疑念ありません。（上越市史九九四）

山吉は使者岩上にたいして、わざわざ越後府中にまで来るには及ばないと伝えるために、表向きには「遠路」であるので御苦労だと述べている。「遠路」であることに配慮を示していることが注目されるが、重視したいのはその前段である。沼田まで着いたであろう使者は〝敵地を凌いでやってきた〟。このことにたいして、驚きにも似た敬意を払っている。

この場合、敵とは北条家を指し、小山と沼田の地理関係でいえば、下野国西南部および上野国東部が問題となる。あるいは上野国館林の長尾氏や同国新田の由良氏などが具体的な北条方の対象者なのであろう。使者はこの敵地を越えて上杉家との連絡を取るために派遣された。考えてみれば当然であるが、敵方身分の者に安全に自領内を通過させるであろうか。軍事的な課題が第一であれば北条側は当然に通過させない。そのような場所を通過してきたのであるから、冒頭の驚きにも似た謝辞があるのだろう。

同じような地理関係での連絡であろうか、厩橋《うまやばし》（群馬県前橋市）にいた毛利北条《きたじょう》高広も書状に敵領通過について語っている。

内々にこの趣旨を使者で申し上げたかったのですが、新田《にった》との境目が「通路断絶」になってしまいました。本意を失するところです。

（新潟県史三二六二）

毛利北条高広の厩橋領と由良氏の領である新田との境目で通路が断絶していた。この要因を生んだのはやはり政治情勢と考えてまちがいない。ここでは当初に使者の派遣を断念した。このことを詫びている書状である。

つまり、ハードとしての街道は調っていても、政治情勢によって街道は完全に不通にはならないものの、時として通行に障害が生まれていたことになる。

三木良頼の書状

武田信玄が駿河国に侵攻した直後の永禄十二年（一五六九）二月、上杉謙信には駿河情勢ほか京都の情勢などさまざまな情報が欠乏していた。少しでも多くの情報を得たいと、飛騨《ひだ》国の三木《みつき》良頼《よしより》に飛脚を送り、事態を尋ねている。

三木良頼は飛脚を得た翌二十七日に返答する。書状は「事を長々と申すのは如何とは思いますが、遠路のお尋ねですので、以下のように御返事いたします」と始まる。「遠路」のお尋ねなのだから、特別サービスですよと。
全体で五箇条にも及んでさまざまな情勢が伝えられている。そのなかの二箇条目に駿河侵攻に関して三木氏が得た情報が書かれる。

一、駿河と甲斐《かい》の取り合いについて、お尋ねを承りました。信濃国への通路が一円にありませんので、詳しいことは聞き及んでおりません。さりながら、当飛驒口で取り沙汰されておりますのは、武田信玄が軍事行動を起こし、駿府に攻め入り、ことごとく放火したことです。今川氏真《いまがわうじざね》は遠江国掛川の地に入城したようです。そこで北条氏政が後詰めとして行動を起こして働きかけ、甲府よりの通路を切り取りました。そのために駿河国内に在陣している甲斐衆が難儀になったようで、新道を切り開き、甲斐国と駿河国をつないだのですが、やはり不自由だということだそうです。近日取り沙汰されるところですと、武田信玄は夜にまぎれて甲斐国に馬を入れたそうで、敗北したとのことです。
（上越市史六六六）

ここで注目すべきは三点ある。

まず、信玄が駿河侵攻したとき、飛騨・信濃間の通路がまったくなくなったと記載されることである。簡単に「信濃国への通路が一円にありませんので、詳しいことは聞き及んでおりません」と記載されるのみなので、原因は明らかにならないが、文脈からすれば軍事情勢により、街道が封鎖されたと読むことは可能である。当然のことなので簡略に記載されていると考えられる。しかし書状の日付は二月二十七日。別の意味での当然の事情がありそうである。飛騨国と信濃国を結ぶ街道は安房《あぼう》峠を筆頭に北アルプスなどの山塊を越える。つまり、街道は冬期不通の時期に当たっている。「不自由」と書かずに「一円にありません」と記すことは後者を意図していると考えたほうが妥当だろう。

次に注目したいのは、北条氏政が出陣し、甲府から駿河国にいたる道を切り取ったと記載されていることである。その結果、武田勢は難儀に陥った。すなわち本来の街道を使用することができなくなったと記されているのである。街道の確保は軍事行動の主たる目的のひとつであり、これによって交通に影響が出たことを示唆している。

三番目は街道を失ったことにたいして、対応策として武田方は新道を切り開いたと記している点である。この道は難路であったのだろうか、切り開いたが「不自由」だと記載されている。本来の道が確保されていれば「自由」であったが、不十分な代替の道しか確保できないので「不自由」という関係が読める。

すなわち、「路次不自由」の背景のひとつとして、軍事的関係による通行障害を想定することが可能となるのである。

風聞でも

三木氏の書状にある記載と関連するのであろうか、北条氏康が息子の氏邦《うじくに》にたいして、秩父方面について指示を与えた書状のなかにも街道に関する内容が含まれる。

一、敵は重ねて大瀧筋の日尾の山の口から攻めこんで来るであろう。このような軍事行動は数日であるだろう。おのおの宗たる者が懸け回るのでひとり残らず出陣せよ。その口には派遣する人数を定めて、防戦にふさわしい場所に配置し、村人をも集めて、すぐに路次を切り塞ぐように。普請をおこなって待ち懸ければ待つ側に勝利がある。ただすぐに普請することにきわまる。（小田原市史九七八）

武田勢による大瀧口（埼玉県秩父市）から秩父への侵攻にさいして、北条家は街道を切り塞いで準備しようとしていた。戦時に大名側から積極的に街道を管理しようとする施策を確認できる。

しかし、戦時にさいして「路次不自由」になるということは、必ずしも大名側の主体的な行動によるものだけではないらしい。

信玄の駿河侵攻は永禄十一年（一五六八）十二月十三日である。軍事行動が開始される一ヵ月以上もまえの十一月に、甲斐国と駿河国を結ぶ富士山北山麓ではすでに影響が出ていたらしい。

甲斐・駿河両国間の「通路不自由」なので、本栖《もとす》の地下人《じげにん》等のように諸役は御赦免とするという決定が仰せ出されました。（山梨県史1－一五七〇）

龍の印判状で出された武田家の諸役免除の朱印状である。明らかに甲斐と駿河の国境の通路が「不自由」と記載される。もし武田家でなんらかの処置を施したうえでの事態であるならば、近日中の軍事行動が予測されることとなる。

その後の文書などに見られる状況は、前触れもなく突然であることを語っており、事前措置では釈然としない。おそらくは合戦の風聞があり、それにより通行が控えられ、本栖の地下人ら街道の業務に携わっていた人びとに影響が出たということなのであろう。

現代で言えば渡航の制限に関する勧告が出され（ここでは風聞であるが）、現場に人が近づかなくなった状態といえるかもしれない。それゆえに収入が上がらず、諸役免除になったと考えたい。具体的な様相はわからないが、戦時情勢ゆえの交通障害の一事例とみるべきであろう。

「市左衛門はどの道を通るのか」

武田信玄没後、息子の勝頼《かつより》も引きつづき北関東にまでその勢力を及ぼしていた。あまり知られてはいないが、東上野にまでも軍勢を送っている。したがって北条氏や関係する由良氏などの北関東の領主たちにとっても油断ならない勢力でありつづけた。とりわけ、天正年間以降は佐竹義重の行動が活発化し、北関東の北条勢は東西両方からの出陣に脅威を感じていた。

そんな折りに、市左衛門という商人が、おそらく下野国南部にやってきた（小田原市史一三六九）。京都よりの手紙を携えてきたようで、受け取り手であった足利長尾家では、その内容を北条氏政に報告する。

報告を受けた氏政はその商人の存在が当初はさほど気にならなかったらしい。みずからが送った京都への使者も近日に帰るだろうと受け流している。

ところが、はたと気づいたのであろうか、足利長尾家の家臣である縣因幡守《あがたいなばのかみ》に送った書状の追而書《おってがき》に「市左衛門はどの道を通るのか」と尋ねている。氏政が京都よりの情報として把握している内容では、京都から関東にいたる道のうちで信濃国を通過する街道はしっかりと留められているということであった。武田家と北条家との政治情勢のため、勝頼は街道を留めていたということなのだろう。そのような国々をつなぐ幹線道路の通行が封鎖されるのだから、たまったものではない。

市左衛門は京都よりの商人であるから、そのあたりの街道状況は先刻承知のはず。それゆえに氏政も通過できる道を確認しているのであろう。注意すべきは京都と関東を結ぶという重要な道であっても、北条家ですら通行可能な街道がどこになるのか、十分な把握ができていなかったことである。北条家でも意のままにならない街道の通行。不自由な「路次」ということになる。

政治的敵対関係になれば安全にその領内を通過することはできない。身分的に敵対関係にあるものは当然のことながら安全な通行はできない。おそらくは身分的に関係のない人物であっても通行に制限があったであろうし、軍事的緊張地帯であることから通行を忌避する行動もあったであろう。情報や物資も当然のことながら期待されるように流通しない。そのような状態をして「路次不自由」という言葉は使われた。

上杉謙信は記す

「路次不自由」には、この軍事的・政治的な要因のほかにも、自然条件が影響する場合もあったらしい。

重ねて使者として関口を派遣しました。関東への越山のことについては、越中国より帰馬して以来より決定していたのですが、越中国にも数日にわたって軍勢を派遣しておりましたので、このまま越山したのでは、疲れた兵のままで、先を見立てることもできません。また陣を張ることもできません。ですからその地への救援はできないでしょう。詰まるところ軍勢を引き連れて殺すことになってしまいますので、まず年内は軍勢を休ませ、年を越すことにしました。そこで正月五日までのうちには雪もやむでしょうから越山いたします。ご了解されることと存じます。その証拠として当国の年寄りいずれもから起請文《きしょうもん》を取りました。それ以外の者についても神水を飲ませて誓約させ、いかにも厳命いたしましたので、不審はありません。しかしながら雪の季節でありますので、路次もいつもの雪のない土道のときよりは各所に逗留が多くなると推測されます。

(上越市史一一八一)

急いでの救援を求める羽生城《はにゅう》（埼玉県羽生市）からの連絡にたいして、越中国遠征から戻ったばかりの上杉謙信は十二月二十五日に返事を送る。しばらくは兵を休ませたうえで越山したいと。おそらくは雪が降りつづいていたと思われ、正月五日になれば雪もやむだろうからと付け加えている。ゆえに出陣は五日以降になると伝えている。

実直というか、冷たいというか、謙信は救援が遅れる旨をさらに付け加えている。道が土の道ではなく、雪道であるからと。

雪の三国峠越えであるから、かなりの難路であることは想像に難くない。ていねいに謙信はそのことを記している。

降雪時に外出を嫌うのは今も同じであるが、それゆえに出陣すなわち政治日程が遅れる。そして雪道という難路も遅延の原因として記載される。これも「路次不自由」すなわち思いどおりになったりならなかったりするほどの流動的な〝路次〟のひとつの実態なのであろう。

賤ヶ岳の合戦

天正十一年（一五八三）四月二十一日、北近江賤ヶ岳で羽柴秀吉と柴田勝家が、織田信長没後の覇権をめぐって激突する。その前哨戦にあっても雪は大きく影響を与えていた。

越前国北之庄《きたのしょう》（福井県福井市）にあった柴田勝家は雪に阻まれ、羽柴秀吉の政治・軍事にわたる活発な活動にたいし静観を余儀なくされていた。その間に、秀吉は近江・美濃・北伊勢を攻略し、柴田派の滝川一益《たきがわかずます》を追い詰めていた。この緊迫した状況を聞き、勝家は焦燥を深めていたに違いない。

勝家は無理をおして三月中旬に近江へと出陣する。その直前の三月四日、勝家は西国に追われていた前将軍足利義昭《あしかがよしあき》に挙兵を促している。

　最前、当三月十七日を出馬の日限と申し上げておりましたが、去二月二十八日に先手として当国の面々を山中に到らせ、路次通りの雪割に遣わしました。本来であれば当月中は深雪で馬の足が立たないほどなのです。しかし無理に出馬し、加賀の軍勢が昨日三日に打ち通りました。能登・越中の面々もともにうち続いて働くでしょう。拙者は九日に北近江に着陣する予定です。（福井県史　八二六ページ）

交渉過程における表現であるので、多少は割り引いて考えねばならないが、それでも興味深い内容を含んでいる。

まずは本来は二・三月は馬が通れないと、勝家の認識が感じられることである。足利義昭がこの事態を知っていたかどうかは微妙であるが、続く文章からすればその事態はまちがいないだろう。

軍勢が通過する道を確保するために、先勢が除雪をおこなっている。文章の構成からは「これだけ苦労しているのですから、ぜひにも参陣を」という訴えかけになっている。雪中の行軍の困難さが十分に表現されている。また現実には無理をおしての出陣であるので、勝家は相当に追い詰められていたと見ることもできるだろう。

さらに考えてみると、緊迫した情勢のなか、わざわざ除雪をして街道を確保したという状況は、通常であればその作業がなされていないことを意味する。したがって極端に言えば冬場は街道閉鎖という関係になる。

今日、国道においては、交通が閉ざされないよう除雪作業は日常的におこなわれている。その費用として確保される自治体の予算も多額にのぼっている。他方で大雪で孤立する集落が報道されもする。

現代では村落規模での孤立であるが、前近代では積雪は旧国さらには日本海側一帯といった広範な地域の孤立という問題につながった。こうした戦国時代と現代の対比は、自然に向かい合う時代の差を知らせてくれるのではなかろうか。

あたりまえだが忘れられていること

路次という語彙は現代で言う道路とか道といったハードだけを指すのではなく、そのハードを利用する人の通行や天候など、道をとりまく環境も含めて表現する語ということになるようである。それゆえに「不自由」という状態を表現する語が接続することになるのであろう。

道路を通行する人の流れがあり、それを前提としてさまざまな物資や情報が各地を流れていた。現代でこそインターネットの普及をもち出すまでもなく、物流や通信は道路のみを介してということではなくなっている。しかし当時にあっては道と物流や通信は一体のものとして考えられていた。その総体としての意味が〝路次〟という語彙には込められており、十分に機能しないと〝不自由〟な状態と理解していた。そのように考えられそうである。

人の流れを阻むもの、遠いという距離感・政治情勢・自然条件、これらが中世社会の基底にあって、流通や通信に大きな影響を与えていた。きわめてあたりまえのことである。しかしその感覚を現代人は忘れつつある。

第二章　川を渡り、峠を越える

1　越すに越されぬ利根の流れよ

薄れゆく記憶

二〇〇二年十二月、東北新幹線は八戸《はちのへ》まで延びた。日本列島を旅する時間がよりいっそう短くなった。新幹線はいずれ北海道へと達する。東京から北へ旅するときの距離感がまた一段と減ることになった。

東京から北関東・東北方面に陸上交通で旅行する場合、東北新幹線のほかには東北自動車道、JR宇都宮線、東武線を使う。これらはいずれも関東平野中央部で利根川《とねがわ》を横断している。車窓から見る利根川はどこまでも穏やかな風景に見え、川に架かる橋を渡ることになんの抵抗感もない。川を渡ることの困難さ、このことも今日のわれわれが忘れはじめた感覚ではなかろうか。

過日、都内下町地区の博物館で中世の渡河に関する講演会をおこなった。冒頭で参加者に洪水の体験を尋ねてみた。参加者の年齢層もあって、大半が洪水の経験をもっていた。下町だけにその数には驚いた。しかしそのほとんどが昭和二十二年（一九四七）九月のキャスリン台風による洪水の経験であって、それ以後の経験となると激減する。

私は都内中野区で生まれ育った。地元を流れる妙正寺川《みようしようじがわ》の川幅が今に比べて細かったことを記憶している。父はしばしば増水の被害にあった。その河川も昭和四十年のころであろうか、川幅が広げられ、護岸が固められ、浸水などの被害も減少した。

また、ダムが整備されて融雪による増水を目の当たりにすることがなくなった。むしろダムによって貯水することが可能になり、夏の渇水時にはテレビでダムの貯水量を見ることが多くなった。夏場にダムのありがたさを感じるのである。これは融雪時の水量もコントロールしているということである。この調節のおかげで、融雪時には河川が増水し、流れが厳しくなるという感覚が、日常的に忘れ去られてしまったのではなかろうか。

河川の自然がコントロールされ、われわれの意識のなかでも危機感が薄らいできた。身近な自然の脅威が遠くなる。そんな思いがする。「路次不自由」の意味は、と考える本書の課題と密接にかかわる視点ではなかろうか。

関東無双の大河

さて、現代と異なり中世では河川にたいして、とりわけ渡河するということにたいして、どんな感覚があったのであろうか。とくに関東を代表する利根川についてはどうであったろうか。

群馬県北部を水源とする利根川は、関東平野を悠然と流れ、千葉県の銚子《ちょうし》で太平洋に注ぐ。坂東《ばんどう》太郎とも呼ばれた大河は、日本の代表的な河川であろう。この利根川、江戸時代以前は東京湾に注ぐ川筋が本流であった。戦国時代以後、河川改修が何度となく繰り返され、主たる川筋が現況のようになった。その歴史は現在もなお正確には把握されていない。しかしかなりの難工事であったろうことは想像に難くない。

その中世の利根川について、まずはその時代の人から証言を聞いてみたい。

享徳《きょうとく》四年（＝康正元年、一四五五）、東上野において関東公方足利成氏《しげうじ》と関東管領山内上杉氏が争った。山内方は五十子《いかっこ》（埼玉県本庄市）に本陣を構え、新田庄内金山城（群馬県太田市）を先陣とした。足利成氏の軍勢はこの金山城を囲んでいた。このとき、金山城の岩松氏・由良氏に縁がある僧松陰《しょういん》は、利根川について、『松陰私語』（以下、『松陰私語』は群馬県史より）のなかで次のように語っている。

関東無双の大河なり。河水は満々として底は深い。白浪は天にあがって、流れはみなぎる。人馬の往復はたやすくはない。

松陰は利根川の流れの激しさをこのように描き出し、渡河のむずかしさを語っている。

この描写につづけて、五十子陣に金山までの通用方法を知らせに行ったことを書き記す。通用方法すなわち加勢の連絡により城衆の働きはいよいよ堅固となったと述べている。利根川は地元人の知識をもって渡河ができる、ということになるだろうか。

たしかに『松陰私語』のなかには別の個所でも「利根河の瀬の案内」という文言が見られる。利根川と渡河に関する知識および方法を知っているということは一種の特殊技能であったらしい。

永禄六年の水害

北条家の一族である北条綱成《つなしげ》が、会津蘆名家に「路次断絶」にともなう経過説明の書状を出した。

永禄六年(一五六三)と推定される書状で、日付は九月九日となっている。

それ以後は「路次断絶」で、ご連絡ができませんでした。心底から毛頭も疎略には思っておりません。さて、当方のこの秋の軍事作戦について、すでに駿河の今川家と甲斐の武田家と相談して出陣しましたところ、七月下旬は洪水がもってのほかの状態でした。この影響のため今まで延引となっており、しかたなく思っております。十月中旬になれば利根川にも浅瀬ができますので、必ず今川・武田家といっしょに越河いたします。そちら方面のことについては偏《ひとえ》にお願いいたします。岩城・田村両家と相談して、必ず一途の行動を我等においても念願いたします。くわしくは北条氏康からの直書で申し入れます。恐惶謹言。

（静岡県史3－三一三一）

冒頭に「路次断絶」による謝罪の挨拶が載せられている。この原因については、時期が上杉謙信による一連の越山が開始されていることから、政治的・軍事的要因が考えられる。しかし、本文には利根川の増水や洪水による交通障害の記事が続く。台風や秋の長雨が影響したため、利根川が異常に増水し、各所で洪水が起きていた。

永禄六年、北条家・小田家などの関東諸家と白川家・蘆名家の東北の大名家が打ち合わせて、佐竹家を南北から挟み撃ちにする計画を立案していた。この書状はその計画を背景に出されたものである。そして計画の実現を阻むものが利根川の増水・洪水だった。

この永禄六年の洪水は凄まじかったらしく、関東平野では七月下旬から八月初旬にかけて大雨が続き、鬼怒川《きぬがわ》・荒川、そしておそらくは利根川が洪水となった。その被害は下野・常陸・甲斐ほか東国各所に及んだ。加えて武総両国の被害が大きかったと記録されている(「今宮祭祀記録」ほか藤木久志編『日本中世気象災害史年表稿』〔二〇〇七　高志書院〕による)。

永禄九年にも、具体的な河川はわからないが洪水による影響があったことが知られる。北条一族の北条氏照《うじてる》が上総《かずさ》国勝浦城(千葉県勝浦市)の正木《まさき》時忠《ときただ》に送った書状では、

よって、この度の調儀が遅延していることが不審であるとのこと。もっとものことと存じます。当口につきましては、先月以来、大雨が続いており、洪水であらゆる方向で「通路不自由」となっております。そのため、大軍を動かすことができなくなっており、延引しております。ほかによい手立てがありません。

(千葉県の歴史4東京都一〇八-五)

たぶんに弁解がましい言い分ではあるが、文章どおりに理解すれば、軍勢の動ける道が洪水でなくなっていると報じている。「通路不自由」はまちがいなく洪水による通路の断絶を示唆している。

つまり「路次断絶」の背景には、河川の増水によって渡河が阻まれたり、洪水によって街道が損壊をうけたりするなど、自然条件による影響があったことになる。

信玄の返事は冷淡だった

永禄六年（一五六三）四月、上杉謙信が下野国佐野《さの》氏の本城である唐沢山城《からさわやま》（栃木県佐野市）を攻めた。この直前、謙信は小山氏の祇園城《ぎおん》（栃木県小山市）を陥落させ、北関東の拠点を固めていた。上杉側にとって佐野はのちに関東の拠点となる重要な場所である。そのため上杉謙信による唐沢山城への攻撃は数度にわたった。この永禄六年時は落城をまぬがれたが、攻撃は凄まじかった。当主である佐野昌綱《まさつな》にあてた武田信玄の書状には、援軍に行かなかった弁解が記載されている。

利根川には渡りがないので、後詰めのことについて特段の方法がない。そのかわり、さっそくに越後に向けて行動を起こそうと思った。しかし犀川《さいがわ》が雪水でいっさい瀬がない。（群馬県史二一九四）

信玄の返事は冷淡だった。「利根川に渡りがない」から佐野には行けない、と。そんなことはない。付近には中世において有名な渡河点だけでも長井の渡（群馬県太田市・埼玉県熊谷市）・中瀬の渡（群馬県太田市・埼玉県深谷市）ほか数ヵ所がある。にもかかわらず信玄がこのように記すのは、なにか特殊な事情が考えられそうである。

文章はその後の越後攻めへと続く。信玄は越後を攻めようとしたが、犀川が雪水で渡れないとも述べる。利根川も融雪による増水があって渡れない。このような状況があったことが推測できる。書状は四月十四日付け。

ついで永禄九年（一五六六）三月、北条氏康・氏政の要請により武田信玄は上野国に出陣した。当然ながら上杉謙信への警戒も怠っていない。

また信州より越後国表への行動については、当月中はいっさいにわたって通路がなんともならない。

（高崎市史三三七）

書状の日付は三月十三日。まだ降雪もあり、雪による通路断絶もあるかもしれないが、当月中とあることから、主題はまずまちがいなく、犀川と千曲川《ちくまがわ》の流れは、いっさいの通路を断絶させるという意味であろう。

それにしても、武田信玄は利根川の増水にはずいぶんと苦労したようである。しばしば利根川の水かさに関連した書状を見ることができる。発給された年が不明であるが、このときもまたもや同じ理由で佐野昌綱の期待を裏切る。

一、川が深口のゆえ、この節は越せない。なんで遺恨があろうか。

（戦国遺文武田氏〇一七四三）

佐野昌綱にあてた条書のなかで武田信玄はこのように箇条書を立てている。佐野氏が救援を依頼したにもかかわらず、信玄は佐野に向かわなかった。それにたいして佐野昌綱は苦情を言ったのではなかろうか。条書にもかかわらず、信玄の感情がこめられた文章である。

この条書は十月十二日の日付をもっている。「この節」とあるのは秋の長雨の影響であろうか。増水で利根川が越せないときっぱりと述べる。信玄のこの言葉には河川の自然にたいする確信がうかがえる。出陣にさいして信玄は河川の水かさを念頭に置いていたことはまちがいないようである。

息子もまた

利根川の水量に気を配っているのは信玄だけではなかった。息子の勝頼も同様である。

また利根川の橘瀬・田口之瀬以下の渡りについて、浅深を見届けられ、飛脚をもっ

て注進が専一である。　（群馬県史二八一四）

武田勝頼は天正三年（一五七五）四月十五日に甲斐国を出馬し、上野国に向かった。それに先だって上野国箕輪《みのわ》城に配した内藤昌豊《ないとうまさとよ》にあて、出陣を伝えつつ、追而書で渡河点の調査を依頼している。利根川の橘瀬・田口の瀬はいずれも群馬県前橋市内にあった。飛脚での回答を求めているところを見ると、行軍と密接にかかわっていたのであろう。書状の日付は四月十三日。融雪による増水を懸念していることはまちがいない。

天正八年（一五八〇）、武田勝頼は上野国新田攻めを計画する。計画は佐竹氏と打ち合わせの上という綿密なものであったが、さまざまな理由で新田攻めは九月におこなわれた。

一、来たる手立てのこと。
　付けたり、河瀬のこと。　（群馬県史三〇〇三）

勝頼は上方情勢など五項目にわたる情勢を上野国廐橋城主毛利北条高広に示している。事書きだけで内容は明示されていないため、詳細は使者の説明によったのだろう。「来たる手立て」とは新田攻めに相違ない。具体的には口頭であったろうが、計画の当初段階で北条高広に内容を伝達したと思われる。そして、その付帯事項で河川の瀬を掲げている。条書の日付は四月九日。日付から考えて、まずまちがいなく融雪による増水で渡河ができるかを念頭に置いている。

武田家は利根川の増水を承知しており、渡河が可能であるか否かにずいぶんの注意を払っていた。甲斐国にあってもこの状況を把握しているということは、利根川の自然条件がかなり普遍的に知られていたということが言える。

地団駄を踏む謙信

この融雪による増水という自然条件を無視して出陣するとどうなるか。川端で地団駄を踏んだ人がいる。上杉謙信である。少し長くなるが、思いがよくわかるので書状を引用する（上越市史一二〇四）。

先の書状でも申し上げましたが、幾日も大輪《おおわ》の陣にいます。ですが、大河といい、水増しといい、どのようにしてもその地への助成をおこなうことができません。河に押し付けて、朝から夕にいたるまで瀬という瀬を確かめてみましたが、瀬がどうしてもありません。そのためここに立馬しています。佐藤がくわしく見聞したとおりです。

来秋までの兵粮および玉薬《たまぐすり》などは申し付けました。しかしすでに前後左右百里に及んで味方の地にはひとつの城として存在しません。そんなところに痛ましき凶事（おそらくは羽生・関宿の危機。筆者注）が起こりました。私にたいする忠信を感じないのでしょうか。たとえ駆け引きで一騎一人であっても、敵を慕わず、その配下に属さないのであれば、長年の覚えでもって羽生勢のように忠義者であるはずです。

北条勢も、もし増水がなく渡る瀬があったならば、ただいまのような羽生への妨害行動はどのようでしょうか。もとよりかたがたの忠信を忘れたわけではないですが、陸路が続かないので、なにも言うことがありません。

しっかりした者ひとりを当方へ派遣してもらえれば、大事なところであるので口上にて状況を伝えたく思います。

佐藤はばかものです。なぜならば大河を隔てて、船にて兵粮を送ろうとしたのです。羽生の地は瀬の端よりも二里もあるというのに、敵の妨害があったら兵粮は入れられません。けっきょく不足になってしまいます。そこで「いかがする」と私が尋ねましたところ、「少しも敵が妨害をおこなえるような地形はありません。船を三十艘で一気に越えます」と申したので、私は反対であると心得て、提案された渡河を決行しませんでした。そのため一生涯の問題となる不足の事態となってしまいました。無念です。

あわせてこの度にかぎりませんが、なんとしてもと、他の口を差し置き、当羽生口に念を入れ、このように鬱憤を晴らそうとしておりました。身の備えも顧みておりません。しかし信玄・氏康も戦略的に考えのない地形を選ぶことはやむをえないと判断したでしょうか。愚老にとってはやむをえないにしても、地形が詳しくわからないのです。佐藤が地形の状況をありのままに報告すれば、特段の工夫もあるものをと、毛利北条高広がいっしょになって申しております。

なお重ねて此方より申し伝えます。恐々謹言、

追って、玉井豊前守にも申し伝えたいのですが、「路次不自由」ですので、書状は多くなり、造作ではありますが、伝えたいことがあります。以上、

天正二年（一五七四）、謙信は北条方に攻められていた羽生城（埼玉県羽生市）の救援に向かった。引用した書状は謙信が羽生城に籠もる木戸《きど》忠朝《ただとも》・重朝《しげとも》父子と菅原為繁《すがわらためしげ》へ送ったものである。

正月に越山した謙信は、大輪（群馬県明和町）で立ち往生していた。融雪による増水で利

根川が渡れなかったのである。

書状は四月十三日付け。渡河ができないために陸路が続かない。そのために救援物資を羽生城に入れられなかった。謙信は、挙げ句の果てに家臣を馬鹿者呼ばわりしてしまう。謙信の苛立ちが長文の書状を通して目に浮かぶようである。

はたして謙信は利根川の融雪による増水という事態を知らなかったのであろうか。雪国越後の人物であるので、まったく知らないとは考えられない。おそらく承知のうえで無理を押しての行動だったのだろう。書状にもあるように、それほどまでに羽生城の救援は切羽詰まった問題だった。しかし、利根川の増水は謙信の想像を上回るほどだった。そのように結論できるのではなかろうか。

「雪水満水」

一方、北条側も利根川に阻まれていた。

(越後勢がやってきたが)速やかに北条勢が向かったため、上杉勢は兵粮一粒も城中に入れることができなかった。それに加えて翌朝には退散となった。そこで北条方は追い打ちをかけたが、さし向かうところ雪水による満水で、人馬の渡りがなかったため、川上に押し廻った。無二の一戦を遂げようと思っていたところ、越後国境沼田の地へ引きこもってしまった。そのためこの度は一戦が遂げられなかったことが、無念であると（当主の北条氏政は）思っておられる。（群馬県史二七七〇）

北条一族の北条氏繁《うじしげ》が白川晴綱に送った書状の一部である。

先の謙信が発した長文の書状は同じ事態を上杉方の視点で述べたものであった。そこでは増水による渡河で断念せざるをえなかったことが述べられていたが、同じ状況を氏繁はみずからの軍勢の威圧で撤退したと強気に述べる。政治的な宣伝である。

しかし北条勢も利根川の増水に行く手を阻まれ、渡れなかったことが記載されている。「雪水満水」はまさに融雪による利根川の増水を表現している。

けっきょく謙信は、利根川の水に阻まれて、羽生城救援という当初の目的を果たすこともできず、五月に帰国してしまう。羽生城の維持は風前の灯火となる。しかし、謙信はこのときに利根川を渡河することのむずかしさを思い知った。のちに越山を計画したさい、このときの経験が生きている。

来月五・六日頃までに上田（新潟県南魚沼市）まで着きます。ただし、今は河川の水かさに差しつかえがあって、利根川の渡河は船渡りも橋もいずれもできないでしょう。軍勢を出すのは待ったほうがよいでしょう。

（上越市史一一八二）

沼田にいる家臣の河田《かわだ》重親《しげちか》に越山の延期を連絡した。その中心的な理由を述べたくだりである。利根川が越えられない。謙信の心中には天正二年初夏の屈辱があったことが想像される。船渡りすらできないし、橋おそらくは舟橋も架けられない。融雪時に利根川が交通遮断状態になるということが常態であったことを、この認識は示唆している。

謙信はこの書状の後段で上野国での麦作の状況と北条側の動きとあわせて、水かさの具合の報告も求めている。利根川の増水は政治情勢すら左右していたのだった。

川が渡れなかったらどうしよう

時期は不明であるが、満水時の渡河を気遣う手紙も残されている。

よって房州は二十日の夜中に御帰城された。満水ゆえに心配しているのであるが、いかがとも聞こえない。なによりも機嫌がいかがあろうか。心もとないです。

（群馬県史二二九六）

鉢形城《はちがた》（埼玉県寄居町）を本城とする北条氏邦が、金山城（群馬県太田市）から満水の利根川を越えて帰っていく。このことを金山城主の由良国繁《ゆらくにしげ》は心配している。発給はただ二十三日とあるのみで月も記載されていないため、季節が不明であるのが残念である。しかし、満水の利根川を渡河することは容易なことではないことがうかがえる。

この書状のあて先は大沢下総守と大沢彦次郎になっている。両名とも由良国繁の家臣である。おそらくは北条氏邦に付き添って渡河していったのであろう。詳細はわからないが、内容よりなんらかの出陣を目前に控えていたことがわかる。大沢両氏はその詳細を打ち合わせるために付き従ったらしい。

由良国繁は「御出馬は二十日」と聞き及んでいる。発給日は二十三日であるから三日前に出馬となるとおそらく二十日は小田原出馬の日程であろう。なにやら大がかりな戦支度が想像される。みずからがどのように参陣するか、このことで由良国繁は気を揉んでいたのであろう。

国繁は書状のなかで「（北条氏邦の顔色をうかがって）機嫌がよく、かつ利根川の水かさが下がったならば、彦次郎は早々に利根川を越してくるように」と命じている。戦支度をどのようにするか、一刻も早く方針を定めたかったのだろう。ところが、おそらくこのように書き記して、はたと不安になった。

「川が渡れなかったらどうしよう」

このように思ったのではなかろうか。

国繁は追而書に「満水の場合は矢文でくわしく返答を。待っています」とわざわざ書き記している。日常的な通行でも渡河することのできない事態が利根川にあったことが明らかになる。

利根川渡河に関する極めつけは、次の史料である。


利根も満水であるので、その地（厩橋カ）が堅固であれば川東へは敵は及ばないでしょう。

（群馬県史三五九五）


豊臣軍襲来が目前となった天正十八年（一五九〇）三月九日、北条氏政は上野国に在陣する猪俣邦憲《いのまたくにのり》にこのように書き送っている。「利根も満水」は明らかに融雪による増水を指す。利根川が満水であるということが防衛作戦に組みこまれ、豊臣軍は利根川東部には攻めこんで行けないと予測している。利根川の自然環境はつねに意識されていたのだった。北条氏政をして豊臣軍であっても利根川は越せないと思わしめた。それほど利根川の渡河は困難だった。武田信玄のように当初から渡ることを諦めてしまうこともありえたのである。

敵は秀吉だけに非ず

第一章でも少し触れたが、北近江で羽柴秀吉と柴田勝家が激突した賤ヶ岳の合戦は天正十一年四月二十一日に起きた。

勝家が足利義昭にたいして援軍を依頼した三月四日付けの書状は「自分は無理を承知して出陣したのですから、なんとしても出馬してほしい」という気持ちが溢れんばかりの文面である。

そこには雪山をかきわけて軍勢を送る姿が記されていたが、じつは同じ書状の後半で、勝家はもうひとつの強い決意を示していた。

この時期の北国は雪が消えて雨が降る季節になります。そのため大河などでは水が出まして、なかなか四・五月にいたるまでは、人馬の道が確保できず、かつ軍勢が行動することはできません。しかし無理をするのは今です。（福井県史　八二六ページ）

春を迎えた交通の現実が、勝家の切々たる書状からは読み取れる。

融雪増水による路次の途絶は利根川だけの問題ではなく、雪山を抱く各地域の問題であったことがうかがえる。

勝家は必死であった。

その脳裏には雪山の困難な行軍だけでなく、川の増水を前にして軍勢が立往生する光景がよぎったかもしれない。

勝家の敵は羽柴秀吉だけではなかった。むしろ自然という大きな敵と向き合っていたのだった。そして秀吉は自然までも味方に引き入れていたと言ってよい。秀吉は季節や気候、地理や風土を計算して軍略、政略を練り、勝家を挑発したのだろう。

戦いに敗れ、居城北之庄に逃れた柴田勝家は秀吉の軍勢に包囲された。四月二十三日に妻のお市の方（織田信長の妹）とともに自害したことは周知のとおりである。

げに凄まじきは

渡ることがむずかしかったのは利根川だけではない。たとえば次に掲げる天龍川も同じである。「東関紀行」にはこうある（岩波書店『新日本古典文学大系』）。

天流（天龍川）と名付たる渡りあり。川深く流れけはしきと見ゆる、秋の水みなぎり来りて、舟の去る事すみやかなれば、往来の旅人たやすくむかへの岸に着難し。この川増れる時は、舟などもをのづからくつ帰て、底のみくづとなるたぐひ多かりと聞くこそ、彼巫峡の水の流れ思ひよせられて、いと危うき心ちすれ。しかはあれども、人の心にくらぶれば、しづかなる流ぞかしと思ふにも、たとふべきかたなきは、世にふる道のけはしき習ひなり。

　この川のはやき流れも世の中の人の心のたぐひとは見ず

水深があり、流れが険しい。舟は流され、なかなか対岸に着かない。増水時は転覆して粉々となるという伝聞を記している。渡河することのむずかしさがうかがえる。

ところで、巫峡というのは揚子江上流の三峡の一である。この地を読んだ白居易《はくきょい》の詩の一節に「巫峡之水能覆舟、若比人心是安流」がある。「東関紀行」のこの場面はこの詩を踏まえたもので、人の心よりも川の流れのほうが静かなのだと共感している。いつの時代も人の心は激しいらしい。

そして、川の自然を忘れさせる人の営みは、たしかに凄まじい。

2　舟橋を架ける

表にしてみると

二〇〇二年夏、ヨーロッパでものすごい水害があった。都市が水没しているようすがテレビに映し出されていた。かつて、アメリカ西海岸に出かけたおり、サンフランシスコへの飛行機から、山野を赤く削った水害の痕跡を見たことがある。自然の威力は今もなお凄まじい。

今日、とくに東京に住むわれわれは自然の河川の力を忘れているのではなかろうか。利根川の治水事業は江戸時代から進んでいる。渡良瀬《わたらせ》遊水地の規模の大きさには驚くばかりである。またダムによる貯水は河川の水量を調節する。いまは実感することのできない河川の自然状態とはどのようであったか。中世の渡河を考えるうえで、これは忘れることができない視点であろう。

以前、このような問題意識で関東平野を中心にした河川の渡河の問題を考えたことがある（拙稿「中世東国における河川水量と渡河」）。河川水量や渡河に関する中世文書を博捜し、中世交通の季節性や渡河点の実態などを考察した。

そこで得られた結論は、中世において桁橋はきわめて例外的であり、渡河の基本は瀬を足で渡ること、船で渡ること、舟橋を渡ることであった。まずはその点から確認してみよう。

中世における関東平野の渡河点を整理したものが左ページの表である。この表には戦争にともない急遽設けられた橋・舟橋は除いたが、関東平野で日常的に使用されたと思われる代表的な渡河点を網羅した。

表の下段には渡河方法を船・橋・舟橋・瀬と分類した。このうち、橋とあるのは史料上の文言もしくは絵画表現として「橋」が確認できるものである。ただし、史料の場合は厳密に橋の構造が確認できない。「橋」と記載したもののなかには、じっさいには舟橋が含まれていることが予想される。ただし「舟橋」に分類したものはその語彙が確認できるものである。

橋・瀬・渡

史料上の特徴としてまず指摘できる点は、渡河点の呼称の問題である。

基本的に橋が架けられていれば、その橋名称が記載される。具体的に確認した事例では

中世における関東平野の渡河点

＊（　）は推定

河川	渡河点	現在地	渡河方法			
相模川	相模川橋	神奈川県平塚市	船	橋	（舟橋）	
	当麻の渡	神奈川県相模原市	船			
鶴見川	鶴見橋	神奈川県横浜市		橋		
多摩川	関戸の渡	東京都府中市・多摩市	船			
	矢口の渡	東京都大田区	船			
隅田川	橋場・隅田の渡	東京都台東区・墨田区		（橋）	舟橋	
入間川	岩淵郷橋	東京都北区		橋		
	羽根蔵	さいたま市桜区下大久保・富士見市上南畑・同下南畑	（船）	橋		
	上戸の渡	埼玉県川越市	（船）			
荒川	村岡の渡	埼玉県熊谷市	（船）	（橋）		
	御厩瀬	埼玉県春日部市	（船）			瀬
利根川	市川	千葉県市川市			舟橋	
	高野の渡	埼玉県杉戸町	（船）	橋		
	間口	埼玉県大利根町	船		舟橋	
	古河の渡	茨城県古河市	船			
	長井（古戸）の渡	埼玉県熊谷市・群馬県太田市	船			
	赤岩・酒巻	群馬県千代田町・埼玉県行田市	船		舟橋	
	堀口渡瀬	群馬県伊勢崎市	船			瀬
	中瀬の渡	群馬県太田市・埼玉県深谷市	（船）			
	福嶋橋	群馬県玉村町		橋		（瀬）
	佐野の舟橋	群馬県高崎市			舟橋	
	橘瀬	群馬県前橋市				瀬
	田口之瀬	群馬県前橋市				瀬
	＊瀬之案内者	（不明）				瀬
吾妻川	白井	群馬県渋川市			舟橋	
鬼怒川	並木の渡	茨城県結城市	（船）			
	折立の渡	茨城県結城市・筑西市	（船）			
	上瀬中沼	（不明）	（船）			（瀬）

「相模川橋」「福嶋橋」「佐野の舟橋」などである。

瀬の場合は「堀口渡瀬」「田口之瀬」などと「瀬」が名称に付されている。船で渡河する場所は基本的に「長井の渡」などと地名に「渡」が付く。

すなわち中心的な渡河方法が反映して名称が付けられているとみてよかろう。

さらに渡河手段を利根川に即して確認してみると、ひとつの傾向があることが確認できる。

利根川の河口から中流では船による渡河が基本であったことがわかる。また瀬を渡る方法は伊勢崎より上流に顕著となる。

橋については中流の福嶋橋と佐野の舟橋、戦国時代末には赤岩に北条家が架橋した舟橋が確実に存在する。高野の渡の橋は十四世紀に一時的に確認される。

市川の舟橋ほか後述する東京湾岸河口部には随所に舟橋が架けられていた。つまり、橋は河口部と利根川中流域に見られるという傾向を示している。

河口部の舟橋は戦国期で、ほとんどが戦国大名と関連して確認される。中流域の上野国および武蔵国境では、おおよそ中世を通じて橋を見ることができる。

川幅と川の深さを考えたとき、橋を架ける地点の特徴として、瀬がなくかつ架橋が可能な川幅であるという特徴が抽出できるのではなかろうか。現状では河口部の橋、河口から中流にいたる区間の渡船、中流域の橋、上流部の瀬という渡河方法が傾向として見られることになる。

そこで見なおしてみると大河川では桁橋が少ないことに気づく。相模川橋・浅草の橋（表では「橋場・隅田の渡」に整理）・高野の渡は一時的な橋であった。とくに浅草の橋は『とはずがたり』が典拠で史料的な問題を残す。岩淵郷橋は北区史が舟橋の可能性を指摘している。福嶋橋は南北朝期の軍忠状に一ヵ所出てくるのみで、地点は巨視的には「佐野の舟橋」に近い場所である。したがって、じっさいに桁橋が架かっていたか否かは検討の余地がある。

大河川では融雪・洪水などで河川水量が著しく増す時期があり、常設の桁橋は構造的に維持することが困難なはずである。またかりに架橋したとしても、頻繁に破損・倒壊を繰り返し、維持に多大の資金・労力を必要としたと推測される。このことが中世において桁橋を普及させなかった原因であり、架橋による渡河の限界点であったと考えられる。

この事態は古代律令国家においても同じようであった。承和《じょうわ》二年（八三五）六月二十九日、太政官は富士川と相模川に舟橋を架けること、および渡船の設置を命じている（「太政官符写」平塚市史一〇）。官道といえども渡河方法は渡船と舟橋だったのである。舟橋は今日のわれわれにとっては異質な橋となってしまった。しかし中世においてはけっして特殊なものではなかったということは、表で確認できよう。

記録をみれば

構造上の簡易さからか、戦時にさいしては頻繁に舟橋架橋の記事をみることができる。

鎌倉幕府創設期、源《みなもとの》頼朝《よりとも》がいまの東京湾を回り、武蔵国に入るさいに橋場・隅田の渡を通過した。『源平盛衰記』（北区史2-23-8）などは、このとき、在家を壊し、浮橋の材料としたとして、舟橋が架けられたことを語っている。

戦国時代、那須の大田原綱晴の書状（年未詳十一月十日付、早稲田大学図書館所蔵文書）には、北条氏政が相馬攻めのために舟橋を架けたことが記されていた。

徒歩で川を渡ることができず、船で渡河する地点では必然的に輸送力は限定されたものとなる。したがって渡船が主流の渡河点では、通常の方法で軍勢のような大人数を渡すことはきわめてむずかしい。そこで戦乱にさいしては舟橋が急遽、臨時に架けられたのである。

永正《えいしょう》十四年（一五一七）五月下旬、宗長手記（静岡県史3-六五五）には、三百艘の船を竹の大縄で結って舟橋を架け、洪水の天龍川を軍勢が渡ったと記載されている。

また永禄十年（一五六七）には、佐野を攻める北条氏政が、利根川の赤岩（群馬県千代田町）に舟橋を架けて攻めこんだ（群馬県史二四〇四）。謙信の救援が到着したさいには、利用されないように、北条家は舟橋を切り落として撤退したことも述べられている。

天正十二年（一五八四）に下野国南部で勃発した沼尻の合戦にさいして、北条氏政は小泉城（群馬県大泉町）に孤立した冨岡氏を救援する。そのさいにも古海（群馬県大泉町）に舟橋を架けた。いち早く小泉城の救援に向かいたいとする北条氏邦にたいして、「舟橋が完成しないと、小勢しか送れない。舟橋が完成すれば、重ねて十分な働きができるほどの軍勢が派遣できるのだから、舟橋の完成を待ちなさい」（戦国遺文後北条氏二六二一）と、たしなめる北条氏政の姿を書状に見ることができる。軍事作戦上、舟橋の架橋は大きな意味をもっていた。

そして、戦時下にあって舟橋は交通統制にも役立っていた。天正十三年（一五八五）正月十四日、北条家朱印状（群馬県史三三五三）では、船渡りが禁止され、渡河は舟橋にかぎるという命令が出されていた。

また年次不明であるが、三月四日、北条家朱印状（北区史541）では、上総国に攻めこむため、北条勢の行動と舟橋の管理が一体となって命令されている。同状は三箇条からなるが、そのうちの一箇条目と二箇条目が舟橋に関する命令である。

一箇条目では、「（地点不明であるが）諸軍勢が川を越したならば、すぐに舟橋を切り落とし、夜を日に継いで浅草に廻って、いつもの舟橋の場所に舟橋を架けなさい。上総から注進がありしだい出馬するので、油断のないように舟橋を架けるよう命じなさい」と記している。舟橋材料の回送がおこなわれていることが確認できよう。

また二箇条目では「葛西の舟橋はいつものように申し付けなさい」と命じられている。この命令の宛先は遠山右衛門大夫であり、江戸城の遠山氏が浅草と葛西の舟橋を「いつもの」の語で指示されるほどの頻度で管理していたことがうかがえる。隅田川・太日川（江戸川）など東京湾に注ぐ河川の河口近くでは舟橋が重要な渡河手段だったのである。

しかし、舟橋は戦時にだけ架けられたものではなかった。

「夫木和歌集抄」（足立区郷土博物館特別展『隅田川の古代・中世世界』図録）という歌集には鹿島社巡礼の時に、隅田川の浮橋を渡ったという記述がある。橋場・隅田間に舟橋が架けられていたのである。先に鎌倉期初頭および戦国期にこの場所に軍事的に舟橋が架けられていたことを見たが、南北朝期にも舟橋が架けられていた。当該地点の舟橋渡河がかなり重要な方法だったということになろう。

また禅僧万里《ばんり》集九《しゅうく》の詩文集である『梅花無《ばいかむ》尽蔵《じんぞう》』の長享二年（一四八八）九月二十八日条（群馬県史一七六一）には吾妻川に架けられた舟橋が描写されている。武蔵国鉢形（埼玉県寄居町）から上野国白井（群馬県渋川市）に向かった万里集九は白井の南面で舟橋を渡った。

集九はこの橋について、「危うき橋有り、舟を編んで橋と為す」と記し、その様相を的確に表現している。

また東山道が利根川を越える地点の佐野（群馬県高崎市）に架けられていた「佐野の舟橋」は歌枕の地として知られていた。

これらは舟橋が日常的に架けられていたことを物語っている。

直江兼続は述べる

舟橋が中世社会においていかに重要な橋であったか。じつは十六世紀の権力が舟橋を架けていた事実がある。

たとえば、慶長五年（一六〇〇）四月十四日の直江《なおえ》兼続《かねつぐ》書状写（栃木県史三―伊藤本文書四）に領国統治のために舟橋を架けることについての主張が見られる。

関ケ原の合戦の直前にあたり、越後国の大名である堀秀治《ほりひではる》が会津の上杉家の不穏な動きを京都に通報した。この文書はこのことにたいして、直江兼続が出した上杉家側の弁明の書である。写本しか残らず、原本の存在を否定する意見もあるなど評価には慎重を要する。しかし路作りおよび舟橋についての見解は、抗弁として説得性をもつと判断して作文されているため、主張が当時の統治者に普遍化できるものと考えられる。長文の文書であるが、当該部分のみ以下に記してみたい。

一、第三に路作り・舟橋を申し付けて往還の煩がないようにすることは、国を抱えるための役目であります。このように理解していますので、越後国でも舟橋と路作りをおこないました。ただし越後国の端では実施できないところがありました。このことの事実関係は堀監物《けんもつ》がご存知です。当国（会津）に転封となったときには、こちらでは路作り・舟橋の仕置きが実施されていませんでした。本国でありますし、堀久太郎が当方を踏みつぶすためにどんな手間がいるでしょうか。当方では路作りまでの手立てが不足していたのです。上杉景勝《かげかつ》領分は越後国のことは申すに及ばず、上野・下野・岩城・相馬・伊達政宗の領・最上・由利・仙北などの地域にも道は通じておりますので、なにぶんにも路作りと舟橋を架けることは先のことと同じです。越後以外の衆はなにも言ってきません。堀監物だけが路作りを恐れています。堀が讒訴《ざんそ》しているいろいろなことは、弓矢を知らない無分別の者の言い分とお思いください。もし上杉景勝が天下にたいして逆心を企てる者であるならば、諸境目を切り塞ぎ、防戦の支度をいたします。あらゆる方向に道を作ったうえでの逆心であれば、当然のことながら諸方へ軍勢を向かわせても、一個所の口を防ぐことさえもできません。いわんや各所の防戦などできるわけもないでしょう。たとえ他国へ罷《まか》り出るとしても、一方にだけ上杉景勝は相応の出勢をします。諸口へはどうやって出られるでしょうか。讒訴の者はなかなかどうしようもない虚者に思います。景勝領分の橋や道を申しつけたようすについては、江戸よりの切々の御使者が白川口のようすを御見聞になったでしょう。その外、奥筋へも御使者が上下されておりますのでお尋ねされることが良いでしょう。さらに御不審であれば御使者をくだされ、所々の境目等のようすを見られましたなら御納得できます。

越後国堀氏側は上杉氏による路作りや舟橋架けを合戦の準備だと讒言したと推測されるが、このことに上杉景勝の重臣直江兼続が、路作りや舟橋を架けることは国を治めるものの務めと主張しているのである。

街道整備の一環として

事実として越後国に続く道以外で路作りや舟橋架けがおこなわれていたかどうか、結果的に疑問が残らないではないが、直江兼続の主張には説得力がある。政治施策として、街道整備があり、そのなかに舟橋を架けることが含まれていたことはまちがいなかろう。

とくに橋が舟橋であると明記されていることには注意を払いたい。そしてなによりも、この直江兼続書状に疑問があったとしても、政治姿勢として舟橋を架けたという点に着目することは許されるであろう。

なぜならばこの理解は織田信長にも当てはまるからである。『信長公記』には天正二年(一五七四)十二月の命令として次のような記載がある(角川書店一七七ページ)。

去月の月末に国々に道をつくるようにと、坂井文介・高野藤蔵・篠岡八右衛門・山口太郎兵衛四人を御奉行として仰せ付けられ、御朱印をもって御分国中に触れ出された。ほどなく正月・二月中には完成した。江・川には舟橋が仰せ付けられた。険峻な道は平らげられ、石を避けて大道とし、道幅が三間で中央と路辺の左右には柳が植えられ、所々の老若男女が出て、水を注ぎ、微塵を払って清掃した。

織田信長が街道整備の一環として、江・川には舟橋を架けるように命じたと記している。先の直江兼続の見解で示された内容と同じ政策が実施されているのである。

直江兼続にしても織田信長にしても、街道整備の一環として橋を架けているのであるが、その橋は舟橋であると明記されている。十六世紀後半の権力であっても、主要街道の

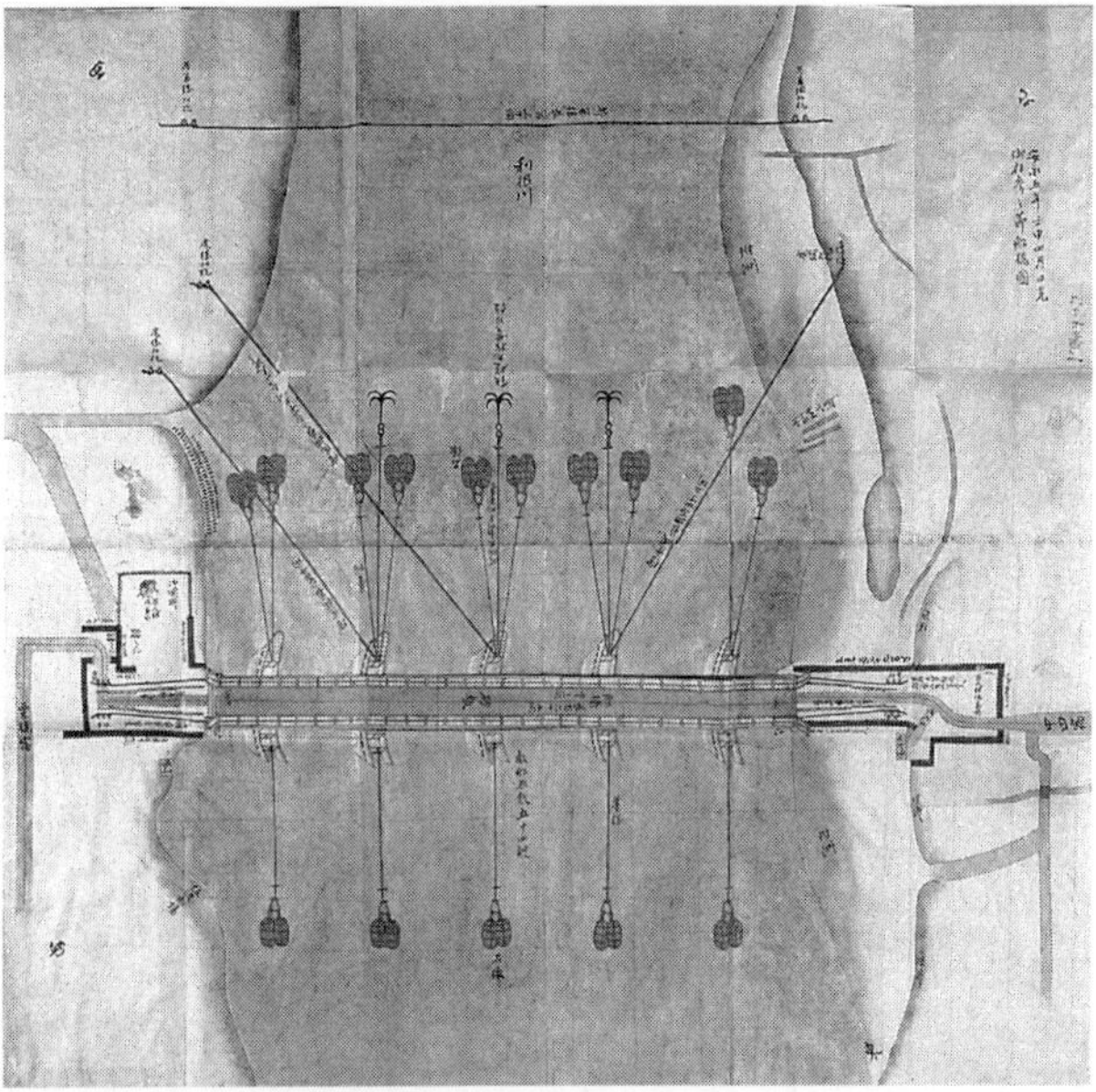

「安永五年中田・栗橋両宿間利根川船橋図」
(埼玉県立歴史と民俗の博物館蔵)

江戸時代になっても舟橋は用いられていた。この図は1776年に10代将軍徳川家治が日光社参をおこなったさいの舟橋を描いたもの。

橋は舟橋であったという点は注意したい。

先に承和二年（八三五）六月二十九日の太政官符で律令国家によって舟橋が架けられていることを見たが、九世紀の施策と十六世紀の命令が共通して舟橋であることには注意したい。つまり、中世以前の権力による桁橋の架橋は、基本的には存在しなかった。一般的には舟橋であったことを予想させるのに十分ではなかろうか。

なぜ桁橋ではなかったのか

ではなぜ桁橋ではなく、舟橋だったのだろうか。

その答えは松村博『大井川に橋がなかった理由』が語っている。同書は江戸時代の大井川の問題に即して、書名のとおりの分析をおこない、技術的要因・経済的要因・政治行政的要因で大井川に橋が架けられなかったと論じている。技術的要因ではまさに桁橋を架ける技術がなかった。架けても水量増加による水圧で流失してしまう。経済的要因では資本投下に見合う収益が上げられなかったと指摘している。この状況は中世以前でも同じであろう。

しかし舟橋では若干様相が異なる。舟橋は撤収可能な橋である。先に北条家は軍勢通過後に舟橋を撤去し、即座に浅草に回送するように命じていた。それほどに架け外しが容易

『一遍上人絵伝』（一遍聖絵）に描かれた舟橋
（第六巻第三段　鯵坂入道入水往生の場面より　清浄光寺蔵）

武蔵国に鯵坂入道という武士がいた。出家遁世して一遍とともに遊行することを願い出たが、一遍は許さなかった。入道は念仏を唱えながら富士川に入水し、極楽往生をとげたという。この挿話を描いた場面では、富士川の上流に舟橋が、下流に渡船が描かれている。

な橋だった。したがって、融雪や洪水などの水量増加時にはあらかじめ橋を撤収しておくことができ、流失の危機は回避することが可能であった。また材料や架橋の手間もさほど複雑なものではなさそうである。桁橋の架橋そして維持のむずかしさに比して、舟橋は自然状況にも適応し、かつ比較的手軽なゆえに、臨機応変に架橋されていたのではなかろうか。

さらに舟橋は片岸を固定し、もう片方を付け外し式にして、河川交通にも対応したと言われる。八五ページに掲げた『一遍上人絵伝』（一遍聖絵）に描かれる富士川の舟橋はその構造を示していた。船が通過するさいには舟橋を外すのである。この作業をおこなうには一定の支払いを要すると推定される。

中世的な関所の機能の一事例

また舟橋を渡る人にも利用料は課せられたと推測されよう。つまり舟橋は中世的な関所の機能の一事例ではなかろうかということにつきあたる。河川での関がいかに強制力をもって関銭を徴収できたか、このことの解答を示してはいないだろうか。舟橋は中世社会でこそ存在意義が高かったように思える。

このように考えたとき、舟橋に専従者が存在したことはまちがいないこととなる。井上鋭夫《いのうえとしお》『山の民・川の民』は河川には川にかかわる〝ワタリ〟と呼ばれた民がいたとした。〝ワタリ〟は「渡り」に通じることから、渡船にかかわる民であろう。あるいは彼らは舟橋にも専従していたのではなかろうか。

舟橋の存在を認めたとき、中世社会の奥深さがさらに見えることになる。

以上、河川の渡河がいかに困難であるかを考えてきた。水量の増減、橋の維持・管理など、陸上交通にとっての大問題がそこにあった。思うに任せない渡河、そこに「路次不自由」の一要因がある。

さて、次節では山に目を転ずることにしよう。

3 峠の鬼、そして地蔵

今日でも日常ではない場所

陸上交通のネックとして、峠道がある。現代でも峠道はやはり難所である。街道が整備されていない峠道を越えることはじつにたいへんであり、いやなものである。郊外にある峠道は、行楽にわざわざ訪ねる対象にすらなっている。いわば今日でも日常ではない場所なのである。

近年、服部英雄が歴史学的に峠道を分析し、復原した（『峠の歴史学——古道をたずねて』朝日選書）。そのなかで道を考える際にとして新しい二つの視点を提示している。

そのひとつは現地にあって「通行者」のために道を守る側の視点である。現地の人にとって道を整備・維持していくことは、日常生活そのものであると指摘している。

第二の視点として掲げたのは、「牛馬の目線」である。道は人だけではなく牛馬も通る。荷を負う牛馬が通れなければ物流は成り立たない。たとえば牛は足下が空間になっているところ、すなわち橋は渡れない。橋にするならば下が見えないような橋が必要である。人間が通行できても、牛馬が恐怖感をもてば道として成り立たない。牛馬のために道を整備する必要があると主張する。牛馬は人よりも整備された道を欲したのだった。この説に触れて、目から鱗が落ちる思いがした。

まだまだ分析の視角は多い。峠道の実像については氏の成果に委ねるとして、ここでは「通行者」および「管理者」の視点から、峠道にたいする一感覚について触れてみたい。

大江山の酒呑童子

山城《やましろ》国と丹波《たんば》国の境にある大江山に酒呑童子《しゅてんどうじ》という鬼の棟梁が住んでいた。顔は薄赤く、髪は短

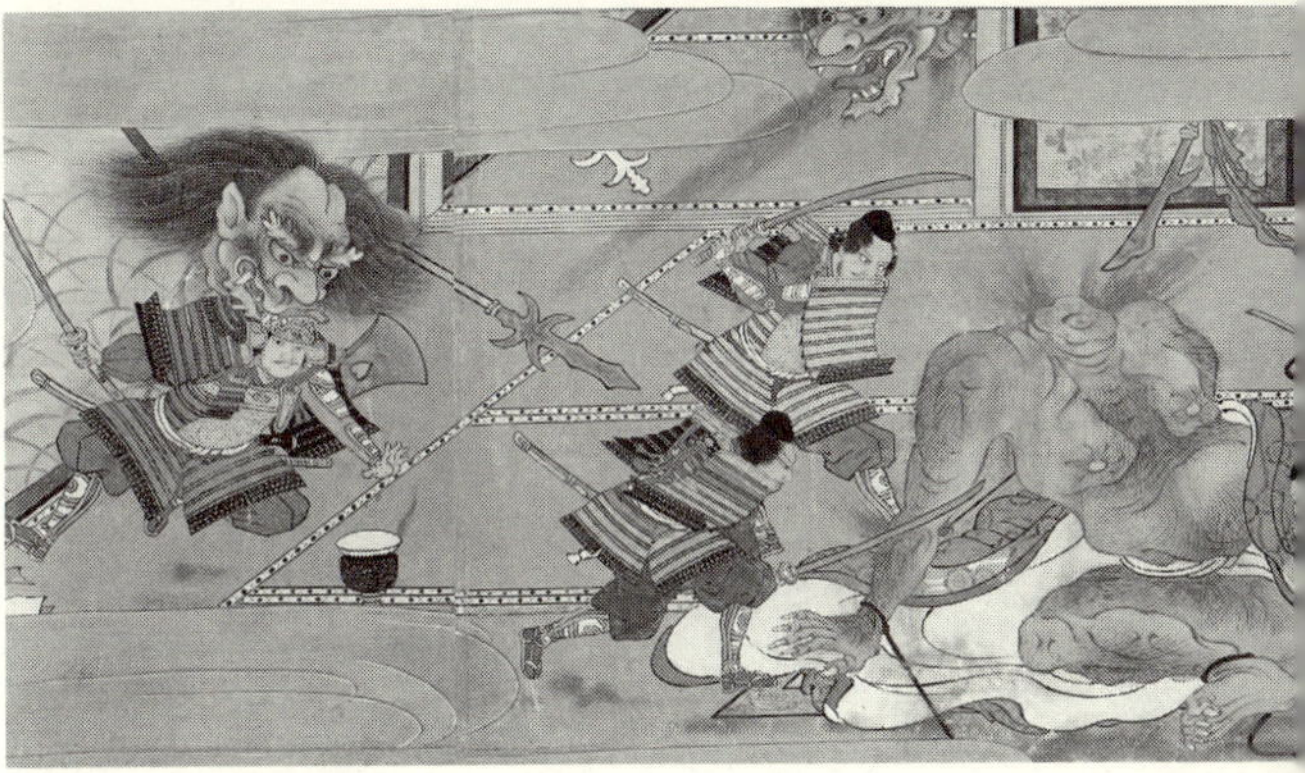

討ち取られた酒呑童子
（「酒伝童子絵巻」狩野元信筆、室町時代、サントリー美術館蔵）

く乱れた赤毛で、無類の酒好きだったという。大江山には御殿を構え、多くの鬼を従えていた。この酒呑童子が人身を略奪していた。

ある日、富んだ家の姫がさらわれたことにより、朝廷では鬼退治が論議され、源頼光が派遣されることになった。頼光は四天王を率いて大江山に乗りこみ、みごとに鬼を討ち取る。多くの書で伝えられた物語である。

さて、この説話、鎌倉時代初めの建長六年（一二五四）に編纂された『古《こ》今著聞集《こんちょもんじゅう》』にその起源となるような説話が盛りこまれている。そして室町時代の物語集である『御《お》伽草子《とぎぞうし》』には「酒呑童子」としてその説話が見える。このことから中世期に成立した物語であることはまちがいない。数多くの絵巻物も制作されたようで、戦国大名北条家も所持したことが知られている。

この中世の産物である「酒呑童子」から、中世の歴史像を読みこんだのが高橋昌明（『酒呑童子の誕生——もうひとつの日本文化』中公新書）である。京都の境界の地としての大江山。境界であるがゆえの魔所であること。境界の祭祀との関係。延長に疱瘡《ほうそう》除けを据え、天皇を中心とした同心円状に広がる京都という清浄空間のネガとして酒呑童子の世界を浮かび上がらせている。中世京都の社会構造を踏まえてこそ味わえる酒呑童子のおもしろさが、この書によって明らかにされている。

源頼光とその四天王は境界の守護神

源頼光が従えた「四天王」はじつは諸書で相違があるものの、一般的に渡辺綱《わたなべのつな》・卜部季武《うらべのすえたけ》・坂田金時《さかたのきんとき》・碓井貞光《うすいのさだみつ》とされている。

このうち渡辺綱は、淀川河口の渡辺（大阪市中央区天満橋付近）を本拠として、水運にかかわった渡辺党の祖とされる人物である。渡辺という場所について、高橋は「渡辺は祓所であるとともに、鴨川や平安京の東・西・北、淀川流域において祓われたすべてのケガレが最後に『日本』全体の祓所である難波の海に流れこむのを見届ける重要地点だった」と指摘している。境界に関係する人物である渡辺綱に着目できる。

高橋はこの点を踏まえて、さらにこの視点を源頼光にも向ける。頼光の屋敷は鬼の名所である一条戻橋東詰めにあり、同所は大祓《おおはらえ》の祓所で、ケガレを流しこむ場所であったと論じている。

次に卜部季武。彼は『今昔物語集』巻二十七第四十三に「頼光の郎等平季武、産女《うぶめ》にあひし語」で登場する人物とされる。美濃国のある渡に出没する奇怪な産女と渡り合う説話で、夜の川の渡し場という境界の場所、川の中ほどに出現する産女と木の葉に変じる赤子、そして死んだ心地がする雰囲気のなかで、みごとに賭け事に勝って川の渡し場を越える勇気が叙述されている。季武が四天王に選ばれたのは異界と接した現世の境界での勇敢さという条件があってのことだろう。

さて、残りの二名である。足柄峠に結びつけられる坂田金時。碓氷峠とかかわる碓井貞光。つまり、京都から東国へと向かう境界、代表的な二つの峠に関連した人物となる。

酒呑童子の物語はこれほどまで徹底して境界をモチーフにしている。源頼光とその四天王は境界の守護神とでも言えるような位置づけで、境界の魔所大江山に住む鬼の酒呑童子に立ち向かった。

山賊と紙一重？

この物語から本論に関係してまず導き出しておきたい点は、境界の山すなわち峠は鬼の住むような畏怖すべき場所、魔所であると中世では認識されていたということである。足柄峠や碓氷峠は現在もなお山深く、交通の難所である。ただでさえ暗がりの深山幽谷の景観は畏怖感をも呼び起こし、精神的に不安感を募らせる。

それだけではない。古代において相模国足柄坂と上野国碓氷には「僦馬之党《しゅうばのとう》」と呼ばれた運送業者の集団がいた。しかし彼らの活動が略奪強盗にまで及んでしまった。これを取り締まるために律令国家は、昌泰《しょうたい》二年（八九九）に太政官符を発して関所を設置している。峠での運送業と略奪は山賊行為そのものであり、境界地ゆえの不安定性の象徴でもある。おそらく多少の言葉を置き換えれば、そのまま中世の実態とつながるであろう。事実、『吾妻鏡』（文治四年九月二十一日条）は、岡崎義実《おかざきよしざね》の郎従が箱根山で王藤次という名の山賊の主を捕らえたことを記載している。峠は交通においてきわめて安全に注意を要する場所ということになろう。

しかし道はそのような峠をも通過しなければならない。精神的にも畏怖される場。そして山賊が活躍する場。そのような難所として中世の峠を考えてみたい。

足柄峠の「一木三体地蔵」

〃足柄山の金太郎〃の童謡でも親しまれた金太郎のふるさとは、駿河国と相模国の境にある足柄山である。山中のさまざまな動物が囃《はや》し立てるその中央で、熊と相撲をするという金太郎のなごやかな絵を、一度は目にしたことはあるだろう。しかし、このなごやかさが曲者《くせもの》で、実写を想像するとどうであろう。あたかも和製ターザンを思わせるような光景へと変じてしまうはずである。このなごやかな絵のなかには、境界という畏怖すべき場に君臨する金太郎の姿が隠されている。

坂田金時は十一世紀初頭の記録に見られる下毛野《しもつけの》公時がモデルと考えられている。競馬の巧者で武芸をもって朝廷に仕えていた人物らしい。この人物と坂田金時そして相模国金時山がどのように結びつけられたのか。その経緯はわからない。しかし物語の形成過程のなかに、中世において代表的な境界の場である峠、西国と東国の境としての足柄峠があったことはまちがいない。

足柄峠は箱根峠とならび東海道の難所であった。戦国時代末には足柄城が構えられ、北条領国の西の端を固めていた。古代には関所が置かれた足柄峠であったが、中世においては足柄城が築かれるまで権力による関所のような機関は確認されていない。

ところで、足柄峠の入り口にあたる東西の山裾に二つの寺院があった。西側山麓の竹之下には宝鏡寺（静岡県小山《おやま》町）、東側山麓には矢倉沢地蔵堂（神奈川県南足柄市）である。竹之下は鎌倉時代において源頼朝ほか歴代将軍が上洛のおりに休憩した場所である。そ

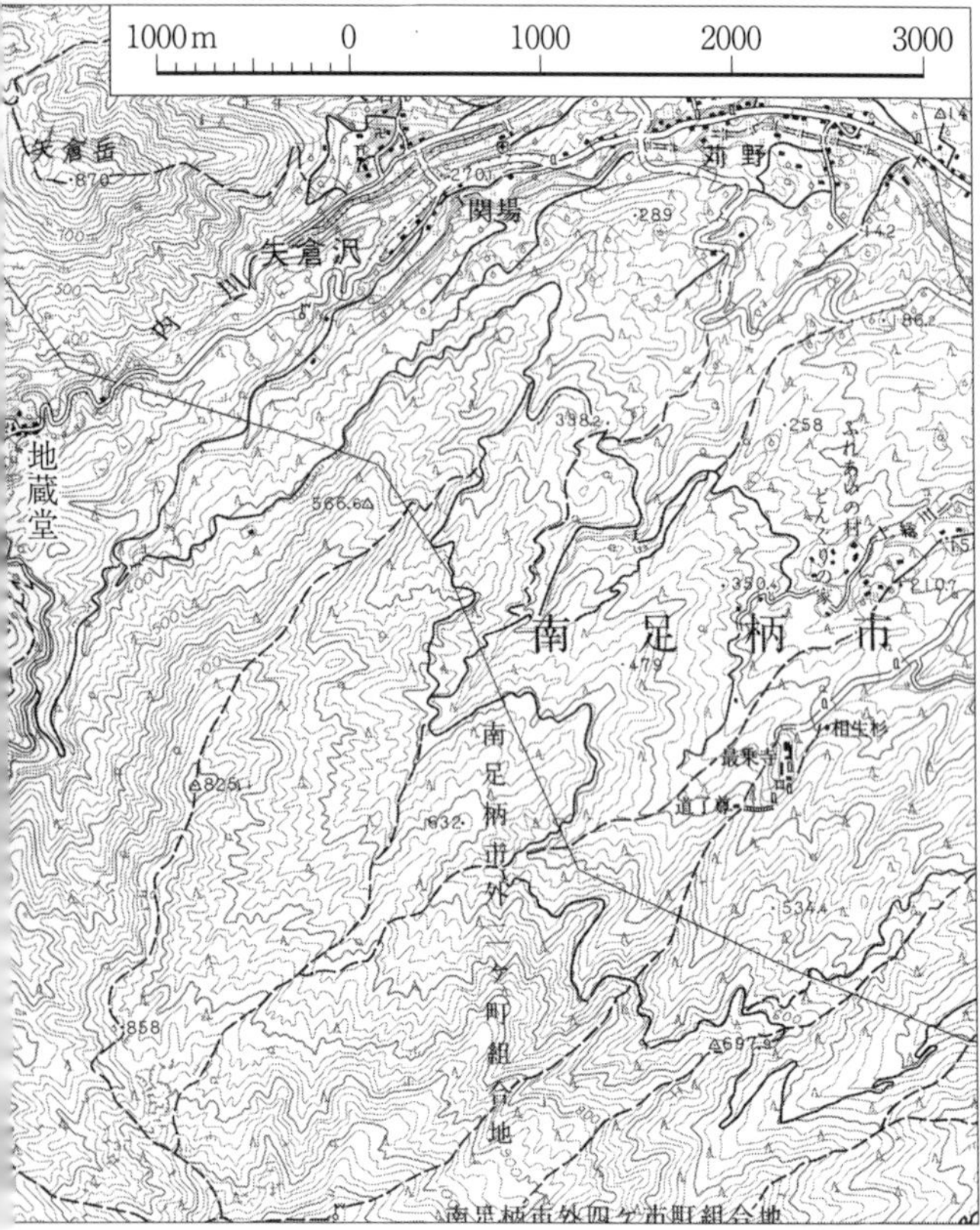
1000m
0
1000
2000
3000
矢倉岳
870
関場
刈野
矢倉沢
内川
289
142
186.2
338.2
258
地蔵堂
566.6
350.4
210.7
南足柄市
479
相生杉
最乗寺
道了尊
825
南足柄市外一ケ町組合地
632
534.4
858
697.9

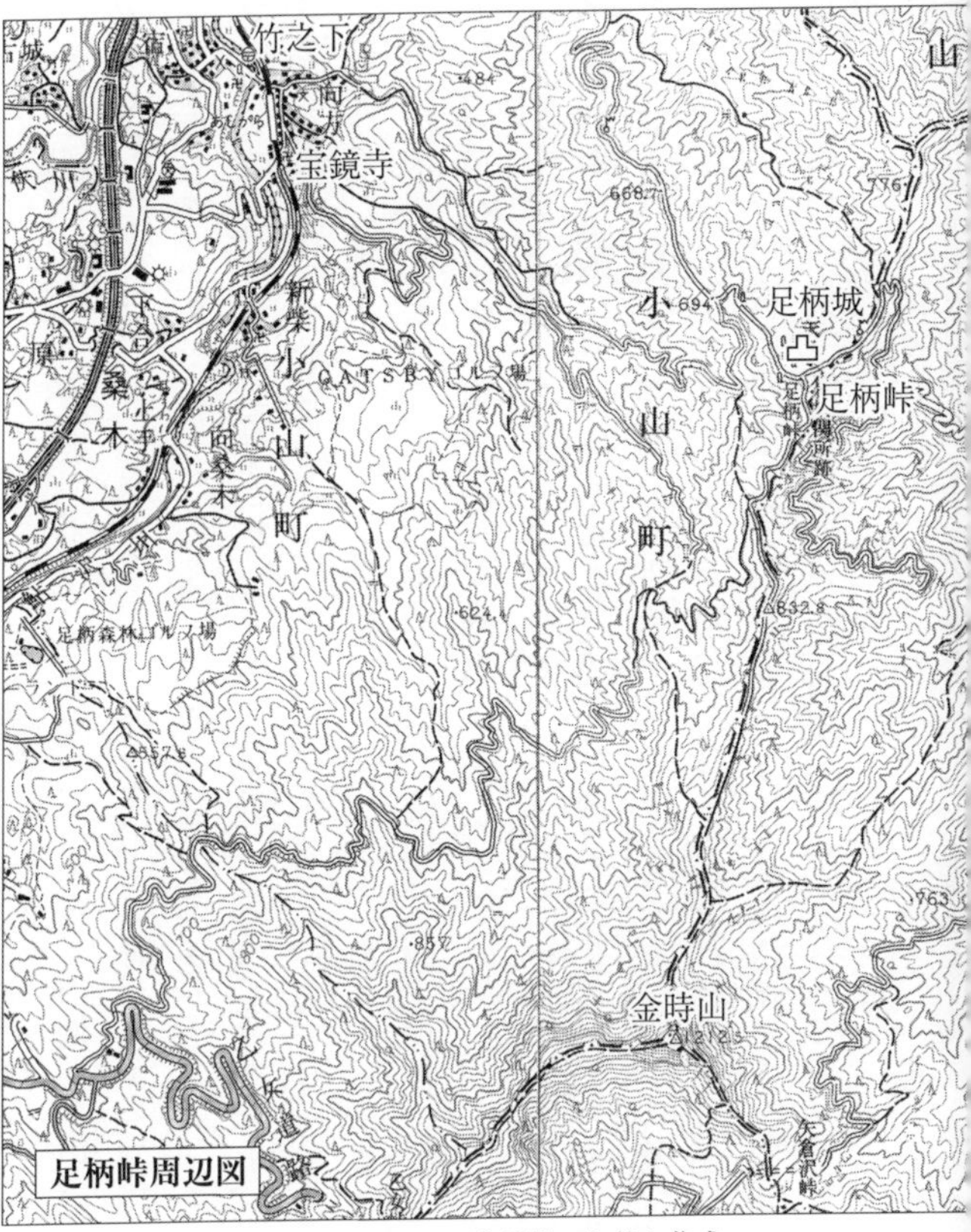

国土地理院発行 1：50,000 小田原及び御殿場に加筆し作成

して、なによりも建武二年（一三三五）の合戦で名高い。鎌倉で建武政府にたいして叛旗をひるがえした足利尊氏《あしかがたかうじ》が、箱根に弟の直義《ただよし》を配し、自身はこの地で新田義貞《にったよしさだ》勢を迎え撃ったのである。足柄峠の入り口にあたる竹之下はこのような足柄道の要衝にあたっていた。その重要性ゆえに南北朝時代以降もしばしば戦場となっている。

縁起によれば宝鏡寺は古代以来の寺院である。本尊は木造地蔵菩薩坐像（延命地蔵尊）で昭和六十年に静岡県指定文化財となっている。造立の年代は十三世紀中頃と考えられている（小山町教育委員会の示教による）。

他方、矢倉沢地蔵堂の本尊は木造地蔵菩薩立像で、昭和五十四年に神奈川県指定文化財になっている。造立の年代は鎌倉時代とされる。

坐像と立像というスタイルの差がある二つの像であるが、じつはひとつの伝承がある。この二体の地蔵像に神奈川県小田原市板橋の宗福院地蔵堂の地蔵尊を加えた三体は、御殿場市仁杉《ひとすぎ》の諏訪神社（現・仁杉神社）の御神体杉から彫り出された「一木三体地蔵」だという伝承である。宝鏡寺と矢倉沢地蔵堂は足柄道、板橋の地蔵堂は箱根道の東側というそれぞれ重要幹線の峠の入り口に鎮座する。峠の入り口という共通点だけでも興味深いのであるが、しかもそれが「一木三体地蔵」という共通項で結びつけられている。単なる伝説とは思えない。

そもそも、地蔵菩薩はさまざまな現世利益をもたらすとともに、冥界《めいかい》における救済者と考えられていた。この性格はまさに畏怖感を抱かせる峠の仏としてふさわしい。

民俗学でも峠と地蔵菩薩については早くから関連性が指摘されていた。すなわち、畏怖感をもたれる山塊の峠道で、無事に通行が成就できるようにと祈る対象としての仏という位置づけである。足柄峠の地蔵菩薩は峠の入り口にあった。このことは、まさに峠越えの安全祈願と関連してはいないだろうか。

碓氷峠にも地蔵が

もうひとりの四天王である碓井貞光のふるさとは信濃・上野国境の碓氷峠である。ここには貞光にかかわる伝説が多く伝えられており、なかでも大蛇退治の伝説は興味深い。

碓井貞光が京都より生まれ故郷に帰ってきたころ、峠には大蛇が棲んでいた。往来する旅人を苦しめ、時には取って喰うこともあった。貞光は村人の懇願により、大蛇退治を引き受ける。峠に向かった貞光は守り本尊としていた十一面観音の庇護によりこの大蛇を退治したという。(『松井田町誌』一九八五)。

峠・旅人・大蛇そして碓井貞光という組み合わせがいかにも境界らしい伝説である。

さて、この碓氷峠の東側、山麓から少し登った地点の刎石山《はねいしやま》に二体のレリーフの地蔵菩

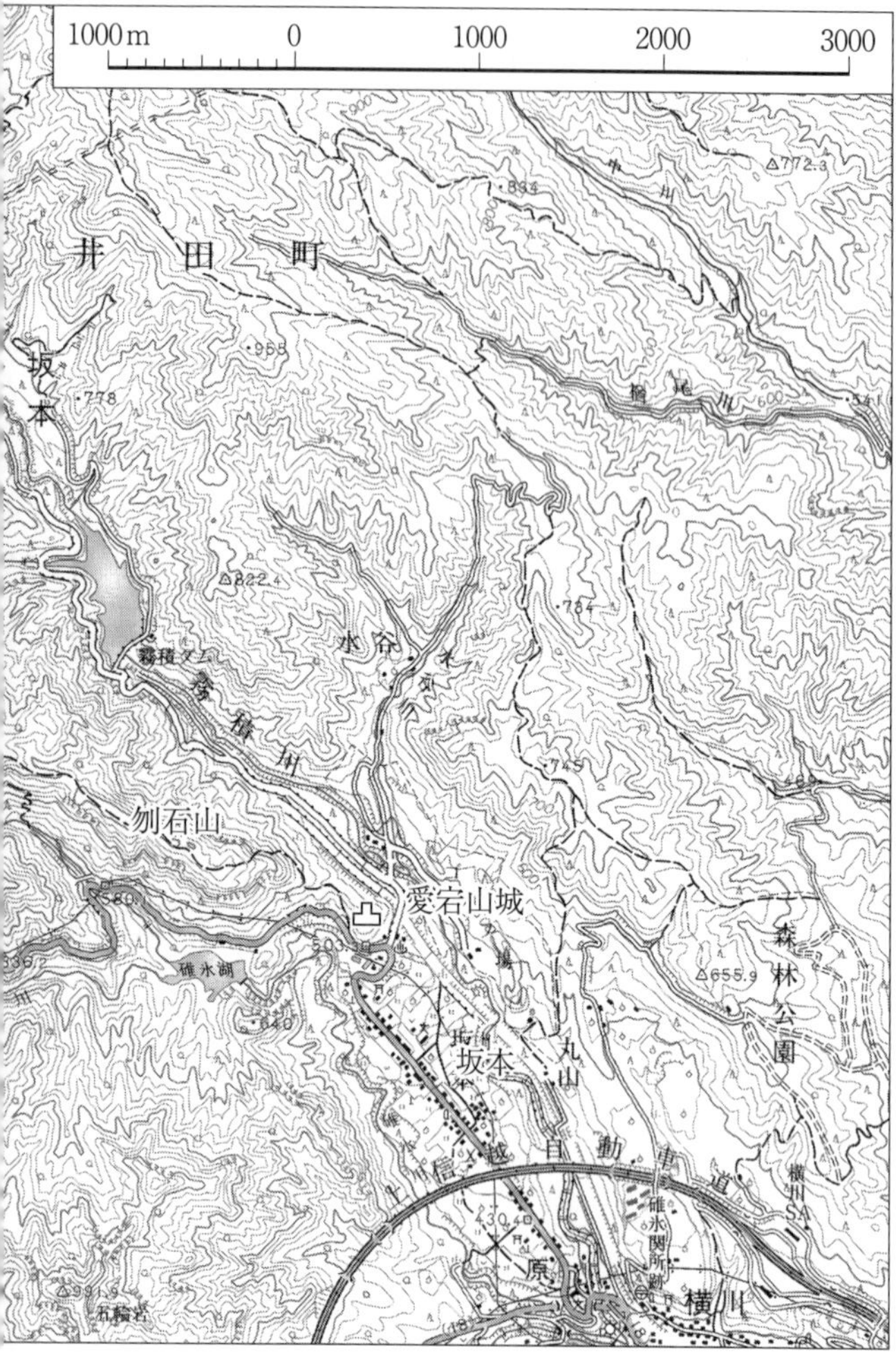
1000m
0
1000
2000
3000
△772.3
・834
井田町
・955
坂本
・778
△822.4
・784
水谷
霧積ダム
霧積川
・745
刎石山
580
愛宕山城
碓氷湖
△655.9
森林公園
・640
坂本
丸山
上信越自動車道
横川SA
碓氷関所跡
430.4
原
横川

国土地理院発行 1：50,000 軽井沢に加筆し作成

刎石山の「上り地蔵」「下り地蔵」

薩像がある。「上り地蔵」「下り地蔵」と呼び慣わされたこの二体の地蔵像は、峠を往来する人を見守るように、その視線を坂の上と下に向けている。詳細な調査を経てはいないが、安山岩製のこの両地蔵菩薩は南北朝時代の作と考えられている。

酒呑童子に導かれて訪ねた二つの代表的な峠には、中世の地蔵菩薩像が安置されていた。峠という境界の魔所を地獄になぞらえるならば、その地での救済はやはり地蔵菩薩がふさわしい。碓井貞光の伝説が語るように峠には災いをもたらす存在があった。日常的には交通運輸に携わる人びとも、時と場合によって山賊と化す。説話では大蛇にたとえられている。むろん、人為的な災難だけでなく、天候などの自然災害によるものもあったであろう。その災難に救いの手を差しのべるのが地蔵菩薩という関係になったのだろう。

関所の発生？

峠の入り口に祀《まつ》られた地蔵菩薩は、峠を通過するさいに安全を祈願する対象となる。やがてお賽銭《さいせん》などの〝たてまつりもの〟が発生する。その権益はどこに帰属するのか。

按《あん》ずるに地蔵菩薩を安置した主体であろう。仏が峠の安全な通行に応える存在ならば、安置した主体が峠の通行の管理者になるのではなかろうか。お賽銭の収納、すなわち通行銭＝関銭を徴収する権利につながるのではなかろうか。中世的な関所の設置である。

地蔵菩薩をめぐって、その施主と現場の山の民が関連していたであろう。山の民がお賽銭すなわち関銭を徴収する作業をしたとすれば、彼らは山賊たちとなんらかの関係をもっていたのではなかろうか。みずからが設置した地蔵菩薩にたいしてお賽銭を供えた旅人を襲うのは道理に合わない。むしろ供えた旅人の峠越えを庇護する存在となる。生命の安全から荷物運びに到るまで、峠の運送業者の役割もまっとうする。

逆に言うならば、お賽銭＝関銭を納めない旅人にたいしては地蔵菩薩の庇護はなく、略奪の対象となる。関銭を支払わせる象徴が地蔵菩薩となる。なんと地獄の沙汰も金次第。このことわざは中世にまでさかのぼってしまうのだろうか。

元箱根石仏群ほか

東国を代表する二つの峠を見てきたが、忘れてはならない峠がもうひとつある。箱根峠である。そしてこの箱根峠も中世にあっては有名な地蔵信仰の霊地であった。

国道一号線の元箱根を越えて箱根湯本方面へ向かうと山道を登った地点に精進池という池が現出する。その周辺には曾我兄弟の墓塔と伝えられる五輪塔など、鎌倉時代の石造物が集中している。元箱根石仏群である。そのなかに六道地蔵と二十五菩薩と呼ばれる地蔵菩薩の磨崖仏《まがいぶつ》が存在する。

六道地蔵

この石仏群は十三世紀末に営まれており、中心となる六道地蔵は正安《しょうあん》二年（一三〇〇）八月に完成した。造像には鎌倉極楽寺の忍性《にんしょう》がかかわったとされ、じっさいの制作は大和国から呼び寄せられた大蔵派の石工が携わっている。すなわち鎌倉幕府が関与してこの霊地が形成されたことが予測されている。

なぜ鎌倉幕府が関与したか。酒呑童子の物語のなかの坂田金時は、京都を中心とする東の境目の守護者として登場していた。おそらく中心を変え、鎌倉幕府が西国にたいする東国の境界として箱根山を意識し、この箱根石仏群を造営したと考えられるのではなかろうか。そこでの視点は疱瘡など西からやってくるさまざまなものにたいする備えなのであろう。事実、六道地蔵も街道沿いに京都の方向に視線を向けている。幕府としては当然のことなのだろう。

箱根峠の地蔵はこれだけではない。先の宗福院地蔵堂も忘れることはできない。東海道が谷間の道から小田原城下町に到る直前の板橋にある。いわば峠の出入り口にあたる。峠道と地蔵菩薩の関係に照らして、あるべき場所にあることになる。ところが、江戸時代に成立した地誌『新編相模国風土記稿』によると、この地蔵堂は永禄十二年（一五六九）に板橋に移転してきたとある。以前は湯本（神奈川県箱根町）にあったとも記している。まさに箱根峠の入り口にあたる。地蔵菩薩像も現時点では詳細な調査はおこなわれていないが、この記述を信じるならば、中世にさかのぼることになる。

ところで永禄十二年という年はすでに触れてきたように武田信玄が「越相甲」三国同盟

を破棄して駿河国侵攻をおこなった年である。侵攻の開始は前年十二月。その後に引きつづいた薩埵《さった》峠の対陣が解消したのが同十二年四月。そして信玄が北関東から南下して小田原を攻めたのが十月である。

北条家にとっては対武田信玄を強く意識した年である。その年に小田原城下の北西方面の端で、街道続きに地蔵堂が移転された。このことは、はたして偶然であろうか。あるいは小田原の境界に鎮座させて、武田勢が箱根峠を越えて侵入してくることに備えたのではなかろうか。もっとも『新編相模国風土記稿』の記載を信じればであるが。

賑わっていたはず

湯本にはこのほかにも地蔵堂がある。現在の正眼寺《しょうげんじ》で、地蔵信仰の霊場となっている。この寺院は曾我兄弟に関する伝説をもち、境内の地蔵堂には兄弟ゆかりの木造地蔵菩薩立像（神奈川県指定文化財）がある。胎内に康元元年（一二五六）の印仏が納入されていたこともあり、地蔵立像の成立は鎌倉時代と考えられている。ただしこの像は本来の本尊の地蔵菩薩像のまわりに安置された供養地蔵のひとつではないかとする説があることには注意を要する。

この正眼寺の境内地は江戸時代の東海道に沿って所在する。箱根湯本の市街地の西南の端で、町の入り口にあたる。まさに峠から谷道を下り、麓の町場にいたる直前にあることになる。正眼寺と宗福院地蔵堂の前身にあたる堂との関係については明確にできないが、中世湯本には確実に地蔵堂が存在した。湯本の位置からみて、箱根峠の街道とかかわった地蔵堂であると考えてよいであろう。

そして、「湯本地蔵堂」では合戦があった。建武二年（一三三五）、鎌倉北条氏の一族である北条時行《ときゆき》が北条家の再起をはかり鎌倉を占領した。中先代《なかせんだい》の乱である。鎌倉を弟足利直義に託していた足利尊氏は救援に向かう。防戦にあたった北条時行勢は遠江国橋本での合戦以来敗戦を重ね、軍勢を立てなおして元箱根で迎え撃つ。八月十七日、一連の箱根での合戦は四ヵ所にわたる。水呑（静岡県三島市）・芦川下（神奈川県箱根町）・大平下（同）、そして湯本地蔵堂である。尊氏勢は箱根の峠を戦いながら一日で越えるほどに快進撃を続けた。

合戦の場所の表記となるほどであるから、湯本地蔵堂はしかるべき賑わいをもった場所だったのであろう。箱根峠の入り口の地蔵堂はまちがいなく鎌倉時代には存在していた。

峠と地蔵菩薩を組み合わせたとき

足柄峠と碓氷峠、そして箱根峠。これらの峠と地蔵菩薩との関連は見逃せない。

一木三体地蔵のうち足柄峠の両地蔵菩薩が国を跨《また》いで対を成し、元箱根石仏群では鎌倉幕府との関係が考えられた。造立の年代も近く、足柄・箱根両峠の地蔵菩薩像の安置はあるいは一連の構想によって実現されている可能性もあるのかもしれない。その場合、鎌倉幕府が全体的な構想をもって、両峠に地蔵菩薩を安置したことが考えられるのかもしれない。この点は今後の楽しみである。

峠と地蔵菩薩を組み合わせたとき、中世的な関所の存在理由の一端が見えたのではなかろうか。峠の交通管理はいわば宗教的におこなわれており、古代や近世における関所の設置などのように、直接的な行政機関による維持管理はおこなわれていない。それがいかにも中世らしい。

中世の峠を越える旅人の安全は地獄での救済を施す地蔵菩薩によって守られていた。このように考えたとき、あらためて峠が交通の難所であると認識できるのではなかろうか。

第三章　道は誰のものか

1　越境可能な存在

史料をみていると……

第一章でみたように「路次不自由」は、書状のなかで明らかに言いわけとして使われていた。この言葉遣いが連絡もできないほどの状態という表現であることは、当時の社会では認識されていた。それはまちがいない。

しかし、ほんとうにまったくの音信不通になってしまうのだろうか。史料をみていると、はたして不通なのだろうかと思えることがある。

たとえば、こんな事例がある。

永禄十二年（一五六九）、常陸国の小田氏治《おだうじはる》は同家が鎌倉時代から名字の地としていた小田を失ってしまう。それ以後、土浦（茨城県土浦市）や木田余《きだまり》（同）を拠点として必死に回復を模索していた。その顚末《てんまつ》はじつに哀れに思えるほどである。

奪った小田を事実上確保していたのは佐竹義重である。そのために氏治は北条家寄りの立場で行動することが多かった。ところが天正六年（一五七八）には木田余城も落とされ、北条家に属しての小田回復はもはや不可能に思えるほどになっていた。
その氏治がどうやら天正七年に北条家を見かぎり、佐竹家に翻意を決意した。

それ以来は「通路不自由」ゆえに申し承ることがありませんでした。まことにもって覚えのほかです。此方のようすについてはきっと伝わっているでしょうから、詳しくは申しません。そもそも現在、蘆名家は佐竹家と御入魂《ごじっこん》と聞きました。そこでこちらも佐竹家と関係をもちたく思っております。累年とりわけ御入魂のご関係でありますので、御仲介をお願いしたく思います。愚意は白川義親へくわしく申し述べました。お話があると思います。遠境ですので書面にて早々に申しました。用件まで。
恐々謹言。

（牛久市史4－175）

書状のあて先は会津の蘆名《あしな》盛氏《もりうじ》。氏治は北条家から佐竹家に転じる仲介を蘆名盛氏と白川義親に依頼している。
冒頭には「通路不自由」の文言がある。これまで触れてきたとおり、この文言は相手方にたいする言いわけとして使用されてきた。ところがここでは小田氏治がそのように言っているのではなく、蘆名盛氏の立場で書き記している。

書状の書き手氏治の心境に立てば、いままで連絡が取れなかったのは敵同士であったために「通路不自由」であったので、しかたのないことである。このような投げかけのニュアンスで書かれている。いわば冒頭に思いやりの言いかたとして「通路不自由」が使われているのである。

じっさいに敵同士であったのであり、連絡がなかったのはまちがいないだろう。意図的に連絡を取らなかったのであるが、文言に使用されるように交通の環境が取りにくい状態であることもまた事実と考えてよかろう。

そこで疑問。まず、「通路不自由」であるにもかかわらず、「此方のようすについてはきっと伝わっているでしょうから、詳しくは申しません」として、情勢の理解を周知のこととしている。戦国時代といえども情報が飛び交う社会である。小田氏については佐竹家を介して伝わっていると考えるのが素直であろうが、はたして情報は一回線のみだったのであろうか。

そもそも、この書状はどのようにして蘆名盛氏のもとに届いたのだろうか。一族の浮沈にかかわることゆえに、使者に書状をもたせて派遣したいところであるが、敵対関係にあるために安全に届く保証はない。むしろ第一章「路次不自由」で見たとおり、ほとんどの場合、届かないのである。

とすれば別の方法で手紙を届けることになる。はたしてその方法とは。

使者の性格に差あり

上杉謙信の最初の越山が終了して越後国へと帰国したころ、北条氏康が古河公方足利義氏の家臣野田左衛門大夫に送った書状を見てみよう。

幸いにご連絡がありましたので、啓します。御当地において無二に忠信を遂げて粉骨を尽くされていること、御高名のいたりで、まことに是非に及ばぬしだいです。さて、早々に出馬いたしましたが、上総・下総に調えることがあったため遅れております。この上は急いで出陣し、葛西筋で精一杯活動いたします。いくつかのことについて板橋に申し含めて派遣しましたが、「路次不自由」のため江戸城に逗留しております。別儀はありません。恐々謹言。

（古河歴史博物館『野田家文書』53）

おそらく野田は足利義氏に従って関宿城にいたのだろう。対する北条氏康の所在は明らかにならないが、江戸城もしくは江戸と小田原を結ぶ中間にあったと考えられる。氏康には当初より調整事項があり、使者として板橋を派遣していた。ところがこの板橋は「路次不自由」で江戸城に留まっていた。そうしたところに野田からの書状が届いた。このようなことが読み取れる。幸いこの手紙をもたらした使者は野田のもとに帰るらしい。そこで氏康が書状を託したという関係になる。

ここで疑問が生まれる。氏康が派遣した使者の板橋は氏康も了解するような事情、「路次不自由」で江戸城より先に進めず留まっていた。けっしてサボっていたわけではなさそうである。にもかかわらず野田の派遣した使者は無事に氏康のもとにたどり着き、そして帰るという。

板橋は通行できなくとも、野田の使者は通行できた。両者は味方同士の関係である。これについて北条氏康が不審を差し挟んだようすは感じられない。とするならば、使者の性格に差があり、このことが通行の安全に差をもたらしていたと考えられる。

板橋はどのようにあがいても北条家の家臣である。身分が明かされれば敵方には捕縛される。おそらく野田の使者はそのような束縛の心配がない性格だったことになる。

僧や山伏なら

天正二年（一五七四）秋、上杉謙信は越山する。そこで佐竹義重は謙信やその家臣の毛利北条《きたじょう》高広のもとに使者中田駿河守を派遣した。しかし……、お手紙のように、このたび上杉謙信が御越山されたとのことですので、中田駿河守を派遣して申し届けたのですが、「通路不自由」であるうえに、今まだ途中であるとのことです。予想外のことです。そのようにもかかわらず御使僧を派遣していただきました。本望です。

（上越市史一二三二）

中田は「通路不自由」で進めなかった。ところが越後方が派遣した使僧は佐竹義重のもとに来着したのだった。義重はこの書状をその使僧に託して送り返した。佐竹使者の中田駿河守はおそらく家臣であるのにたいして、越後方の使者は僧であった。

次の事例も使僧の事例である。

大平が帰国するのにつき、ついでに啓し達します。
そもそもそれ以来は音問が絶えておりました。意外に思います。その時分は態々《わざわざ》ご連絡を頂いたのですが、宇都宮と皆川の境で越度《おつど》がありましたこと、しかたなく思います。ですが、御状三通はまちがいなく皆川のもとより参着し、拝見いたしました。
蘆名盛興《もりおき》御他界につきまして、拙者においても力を落としました。御心中お察し申し上げます。さらに紙面に尽くしがたく思います。内々にこのお悔やみを申しあげるべきところ、「路次不自由」のため、思いつつも罷《まか》り過ごしておりました。まったく私曲はありません。なんとか使僧を考えて申し入れます。（戦国遺文後北条氏一七一八）

天正二年（一五七四）六月五日、会津蘆名家の当主盛興が若くして没する。その報は各地に伝えられた。北条家の重鎮である北条氏照にも書状が送られた。ところが書状を帯した使者が宇都宮領と皆川領の境でなんらかの事件に遭った。おそらくは捕縛されたのであろう。しかし書状だけは皆川家より氏照のもとに届けられた。このことだけでも使節の通行がままならないことがわかる。

悲報を受けた氏照はすぐに弔意を示すべきところ、しばらくはそのままにしておいた。ところが八月になって蘆名家より使節大平がやってきた。その大平が帰国するのにさいして持たせたのがこの書状となる。

氏照は弔問の使節が「路次不自由」で出せなかったことを詫び、お悔やみとして使僧を送ろうとしている。大平がどのようにしてやってきたかはわからないが、氏照は「路次不自由」の影響を直接的にこうむっていた。その打開策として使僧の派遣を考えている。先の事例と同じく、「路次不自由」でも使僧なら通過できると考えていたことがうかがえる。

同じような事例として使節に出羽山伏が起用されることもあった。この事例を分析した山田邦明は山伏が使者となったことについて、「理解能力はいまひとつだが足腰だけは強く、地理にも明るい」、「難路を越える確かな力量を持つ」ことに注目している（『戦国のコミュニケーション』吉川弘文館）。山岳修行をおこなう山伏が「路次不自由」となった場所を避け、修行場にも似たような難路の山道を越えて、書状をもたらす姿を想定している。

じっさいに山岳地帯を通行するために山伏を採用したかどうかはわからない。しかし「使僧」の場合と同じく、山伏も使節になれば通過が可能だったのはまちがいない。

飛脚

僧や山伏のほかには、「飛脚」も通行が可能らしい。

内々に使節をもって申し届けたかったのですが、「路次」が「不自由」なので、まず飛脚で申します。（小田原北条氏文書補遺九七）

天正元年（一五七三）に北条氏政が会津の蘆名盛氏に送った書状の冒頭である。いままでの書状では「路次不自由」なので連絡が取れませんでしたと書くところであるが、ここでは飛脚を送ると述べている。

天正元年での会津・小田原間であるので、中間には上杉領や佐竹領ほかの敵対する北関東の諸領主の領が展開している。この段階では下野国小山ですら敵領である。このような状況であることが「路次不自由」だったことは想像に難くない。しかし、それでも飛脚は送れるのである。

ここで本来ならば、飛脚の性格を明らかにしなければならないが、じつはこれがむずかしい。史料によれば飛脚となる人は家臣のほかに寺院や町場の人もおり、役として負担していたことがわかる。山田邦明は古文書では名前で表記されない身分の低い人で構成されていたのだろうと指摘している。聞くべき見解である。ただ他方で、家臣が役として飛脚の任を付加されているところを見ると、江戸時代のように職業化された存在ではなく、多様な人びとが飛脚になっており、一括りに考えることはむずかしい。

おそらく当時は、文字にあらわされたように早く情報を伝える方法というニュアンスで飛脚の語が使用されていたのであろう。そのうえで、本論の筋立てで見るならば、先の史料に登場する飛脚は「路次不自由」を問題としない存在であるということになる。

問題は使僧となった僧が依頼主とどのような関係にあるか、また飛脚はどのような実態であるか、ということなのであろう。残念ながらこのことについて明確な回答は困難である。しかし、大事なことは、家臣などの使者を派遣することは、「路次不自由」のためにむずかしいのであるが、「路次不自由」であっても、「僧」や「飛脚」は通過できるということである。

チェックしていたことはまちがいない

むろん、すでに述べてきたとおり、「路次不自由」の言葉遣いに表現されるすべてについて、通行できる人とできない人がいるということではない。自然条件が原因である場合は物理的に不可能である。冬場に豪雪地帯を越えることはきわめて厳しいし、洪水地帯を横断することも不可能だろう。

しかし政治的条件が原因の場合は別である。

第一章で「新田境」で通路が断絶していることを見た。また蘆名盛興の死を知らせる蘆名家の使者が宇都宮・皆川境で問題となったことも見た。つまり領域境を通過するさいに、領主が通過可能な者とそうでない者をチェックしていることになる。

江戸時代であれば関所ということになるだろう。しかし戦国時代においては直接的にその語彙を使用することは、中世の関所が関銭を取る経済的な施設という理解が主流であるためにまずは憚《はばか》られる。しかし江戸時代の関所に類似した施設が境界にあり、通行をチェックしていたことはまちがいない。

永正《えいしょう》十五年（一五一八）三月、将軍足利義稙《よしたね》は越前国から加賀国への路次を開くように命じた。永正元年（一五〇四）以降、越前国の朝倉家では加賀国一向一揆に対応して、国境を固めていたのだった。

命令を受けた朝倉孝景《たかかげ》は家臣にたいして加賀口の通路を開くように命じている。その命令を下した書状において、「そこで当役所において、書状等を選ぶことについては停止する」と記載している。加賀国への通路を通過する書状などのチェックをおこなっていたのだった。

2　通行を左右するもの

孤立する佐野

上杉謙信の越山は数度に及んだが、しだいに活動範囲が縮小していった。拠点として下野国佐野を取り立てたが、時間の経過とともにこの佐野の地を維持することもむずかしくなってゆく。

佐野には越後国の揚北《あがきた》より五十公野《いじみの》某と色部勝長《いろべかつなが》の両名が派遣されていた。しかし永禄十年（一五六七）のころ、西上野には武田信玄が、北武蔵には北条氏康が版図を広げ、佐野はしだいに孤立しはじめる。恐怖感をもった五十公野はひとりで佐野を逃げ出してしまった。孤軍となった色部は「労兵」の帰国願を越後国に送った。受け取った謙信は帰国を了解する。

しかし、佐野に在城していた越後勢の帰国はすぐにはかなわなかった。謙信はじつに慎重である。

返すがえす「路次無自由」であるので、佐野虎房の迎えをするときに越してくるように。只今まではその地は何事もない。しかし急いでひとりで越してくるようであれば路次中でまちがいもあり、そのときは敵味方中の嘲りとなり口惜しい。五十公野はその地を退散したものの、路が「不自由」であったため、無体にも敵地に捕らわれてしまった。たとえはいかがであろうとも、「路次無自由」であるので、万一のこともあってはと思い、このように申す。謹言。（上越市史五六〇）

上杉謙信みずからが「路次不（無）自由」の実態を語っている。道に支配権が存在せず他人領となった状態であり、人身捕縛もありうると述べている。道の通行に安全が保証できない。当該の街道について支配権を保持していない状態が「路次不自由」ということになる。

この書状の場合、前段部分で沼田と佐野をつなぐ道について触れている。この道すら「路次不自由」すなわち確保できていないのであり、上杉謙信が拠点としていた佐野は敵領のなかに浮かんだ越後領の嶋のような状態になっていた。拠点を押さえていても、街道の支配権がなければ領域的な支配は当然のことながらできなかった。

佐野を離脱した五十公野は蘆名盛氏を頼り帰国を果たそうとしたが、哀れにも捕縛され、北条氏政のもとに送られてしまった（福島県史一一八一一二四）。ただ、捕縛であるならばとりあえず生命には問題ない。さらに深刻な事態だってある。

無政府状態の道

永禄四年（一五六一）、小田原をめざした上杉謙信は当然のことながら敵領を横切った。謙信とともに一群となって移動した軍勢の勢いは凄まじかったであろう。しかし後れを取ろうものならばたいへんである。上杉勢が支配権をもっていない道を進まねばならない。

この度、敵陣の往復の者を討ち留め、荷物を際限なく押し落としたとのこと、忠節はこの類がありません。　（小田原市史四七六）

北条家が武蔵国多摩郡で活躍した小田野一族に与えた朱印状の一節である。日付は三月二十日であるので、上杉軍の先陣は相模国に入っても、後続はまだ北武蔵にいる段階である。このときに小勢であるだろう小田野氏が襲うことのできた軍勢であるから、よほど小さな部隊であろう。とりわけ荷物を奪い取ったのであるから、あるいは荷駄隊のような運送を主とする軍勢であったのではなかろうか。

上杉勢といえども主力から外れれば、敵領内に無防備に取り残された通行人であり、保証がなければ襲撃の対象とされる。いつの時代も同じことである。

しかし、敵領内だけの問題ではなかった。

元亀三年（一五七二）、上野国は東上野が上杉領で西上野は武田領であった。上野国内の重要都市である沼田（群馬県沼田市）・厩橋（同前橋市）は上杉謙信が確保していた。したがって両所間の上杉氏関係者の通行は必然である。

当時の街道は基本的に赤城山の西麓を利根川に沿って通行していた。利根川の東側を通行するかぎりにおいては自領内を通行するはずである。しかし、だからといって安全ではなかった。

　厩橋と沼田の間を往復する者を、あるいは討ち取りあるいは生け捕ったならば、貴賤を選ばず褒美を加える。

（群馬県史二六八九）

　武田信玄の家臣である土屋昌続が奉者となって、龍の朱印状によって命令が発せられている。現在は二点の文書が確認されているが、当該地域に関係する領主にあてて広く発給されていたと考えられる。武田家は厩橋と沼田間の通行、具体的には赤城山西側山麓の通行を遮断することをめざしてこの命令を出したのであろう。

　上杉家側からすればこの間の交通はきわめて危険な状態ということになる。あえて通行すれば、無政府状態の道を通ることになり、乱取り自由になった。先に武田信玄の駿河侵攻直前の本栖界隈の駿河・甲斐国境が「通路不自由」となった状態を見たが、軍事的に緊張状態にある境界地帯は、当然ながら安全が保証されなかった。

たとえ味方であっても

　政治的に不安定な場所で敵方に襲われる。ある意味では当然である。しかしどうもそのような場所に限定される問題でもないらしい。

その地と岩櫃《いわびつ》の在番衆の荷物が途中において奪い取られたとのことである。おそらく味方のうちの悪党等の所行であるので、厳重に警固を添えて送るように命じなさい。恐々謹言。

（戦国遺文武田氏二〇六八）

明らかに味方内の襲撃で荷物が奪われている。中世社会は自力救済の社会なのですべては自身で守らねばならないと言ってしまえば身も蓋もないが、これでは領域の秩序など成り立ち得ない。しかし峠や渡など人足を必要とするような場所などにもよるのだろうが、たとえ味方であっても交通の障害は起きたことになる。

街道が安全でないことは戦国時代に、しかも山間部にかぎらなかった。鎌倉時代の関東平野の中央部でも事例はある。横浜市金沢区に称名寺という寺院がある。鎌倉北条一族の金沢氏ゆかりの寺院である。この寺院の所領のうちに、下河辺庄赤岩郷という所領が利根川沿いにあった。現在の埼玉県北葛飾郡松伏町《まつぶしまち》から吉川市付近と推定されている。この赤岩郷から称名寺に納める年貢として「赤岩茶」があった。

ある年、年貢収納に差し障るほどの噂が立った。「路次にもってのほかの悪党が蜂起した」というのである。文脈からすると、通行者に乱暴を働き、略奪行為をするということなのだろう。称名寺はそのような状況下にあっても、なんとか年貢を収納しようと努力した。通行の安全確保のために莫大な努力を重ねたらしい。おそらく通過する地点の関係者に安全を依頼したのであろう。ところが運悪く依頼した人物が年貢のお茶の一部を所望し、差し出さざるをえなくなったというオチがつく。

中世の街道の通行は危険と隣り合わせだった。戦国時代の敵対関係のみならず、悪党と呼ばれるような交通障害を起こす活動が存在していたのだった。

「そこでいろいろと調法を使いまして」

もし道という道がすべて略奪自由の無政府状態だったら、あらゆる交通は成り立たない。しかし、じっさいには多くの往来があった。なんらかの安全の保証が働いていたと考えるべきであろう。先に見たように敵方の家臣は通行させないものの通行可能な人もいた。なんらかのチェックが働いていた。

さて当口の「路次」が調いましたので、問題なく通過できました。このたび帰参いたしました。越後国のようすをよくよくお聞かせいたします。（牛久市史4-117）

常陸国下妻の領主多賀谷《たがや》政経《まさつね》が越後国に送った使者が帰ってきた。その帰路について、なんらかの条件が調ったと書状にしたためている。逆に読めば、調わなければ道が通過できず、帰参できなかったということになる。先に佐竹義重が送った使者中田駿河守が上杉謙信のもとに到着せずに途中で留まっていることを見たが、中田は道の条件が調わずに足止めを食らっていたと考えられる。

現代でこそ、目的地までの距離と交通手段を勘案して、所要は何時間と予定を算出する。もちろん当時でもおおよそこのような計算はしたであろう。しかし、ここではそれ以外に道の条件を加味しなければならない。江戸時代、大井川が増水で川留めになり、両岸で数日にわたって待たされることがあった。これに似たようなことは中世でもあったはずである。問題はさらにその他である。

> そこで出羽山伏を派遣しますと武田方に依頼したところ、そちらさまに遺恨があるということで、返事をしっかりといただけませんでした。そこでいろいろと調法を使いまして、関東地方の秩父を進むことにしました。まちがいなく通過できるようにと念願しております。（戦国遺文後北条氏七〇）

北条氏綱が越後国守護代長尾為景に送った書状の一節である。ここでは使者である出羽の山伏を派遣するにさいして、小田原から越後府中に通じる二本の道筋が話題となっている。最初に甲斐国を通過する道を氏綱は選択した。通過を武田信虎に依頼したがキッパリと拒否されてしまう。出羽山伏であっても事前に通告して、通行許可を得ようとしている。

許可を得られなかった氏綱は、代わりに関東地方の秩父を行く道を選択する。当時、北条家は北関東に基盤を置く山内上杉家と抗争を繰りひろげていた。したがって越後国にいたるためには山内上杉家の影響がない場所を通過しなければならなかった。

そこで秩父を行く道が選ばれたのであるが、注意しておきたいことは「そこでいろいろと調法を使いまして」と書き記していることである。事前になんらかの調整をおこなった。その「調法」の具体的な内容は明らかにはならないが、甲斐を通過するのに武田信虎に依頼したことを踏まえると、秩父の道について権利を持ついずれかの人物にたいして事前の調整をおこない、安全が確認されたと読むことができよう。

ついでに言えば、秩父は武蔵国であり山内上杉家の領国内である。依頼された人物は、北条家に了解を与えるにさいして、山内上杉家の領国内であっても、同家からの影響を受けなかったことが予想される。複雑な権利関係があったのであろう。

周到な氏康の配慮

先の多賀谷の使者も道の条件が調ったうえで帰参していた。どうも他領の道を通過する時はいずれかの了解が必要のようである。

そのように見てくると、道の通過依頼の文書も存在することに気づく。

横瀬へはからい事の用件があって使節を進めた。「路次」をよくよく送り届けてください。恐々謹言。（小田原市史四五一）

永禄三年（一五六〇）と推測される北条氏康の書状である。月日は十月四日であることから、越山して南下の気配を示す上杉謙信への対抗策として、氏康は横瀬すなわち由良成繁を味方につけようとしたのであろう。そのための使者を派遣した。書状の宛所は切断されているが、種々の条件から小泉城（群馬県大泉町）の冨岡氏である。

この書状が冨岡氏に出されていることから、派遣された使節は利根川を鎌倉街道上道の長井の渡付近で渡河して、小泉城に冨岡氏を訪ね、冨岡氏の道案内で金山城（群馬県太田市）に向かおうとしたと推測される。

小泉城から金山城は直線距離でおよそ八キロメートルである。距離はさほどないうえに、長井の渡付近からは金山も目視できる。特段の問題がなければすぐに到着するはずである。にもかかわらず氏康は冨岡氏に送り届けるように依頼している。通行の安全を期待していることはまちがいなかろう。

現場を押さえる者の協力が必須

永禄十一年（一五六八）の武田信玄による駿河侵攻直後、北条家は上杉謙信との同盟を模索する。越相交渉である。その口火を切って十二月十九日に北条氏照が交渉開始の書状を越後府中にあてて出す。その書状は上杉領の沼田を中継地として届けられることになった。交渉開始にあたって上杉家内でのやりとりが伝わる。

越後・相模の御一和のこと、「北条氏照殿より貴府（越後府中）へ御一札が届けられました。『沼田から上杉家に届けてほしい』との依頼ですので、府中の直江政綱まで脚力で届けてください。路次中まちがいのなく通過できるように依頼します」との府中からの指示です。北条氏照からのご挨拶が届きましたら、めでたく重ねて申します。そのときに詳しく申しあげます。恐々謹言。

（上越市史六二九）

沼田在城衆の上杉家臣河田重親・小中家成《いえしげ》・松本景繁は氏照の書状の取り扱いを越後府中に問い合わせる。上杉家ではこの案件について北条高定と山崎秀仙《しゅうせん》が仲介し、右の指示を沼田在城衆に伝えた。

そこでも路次の安全が依頼されている。同じ上杉領国のなかのことではあるが、領国を構成する領の違いのためであろうか、わざわざ依頼事項として記載されていることは重要である。

同じような事例が、下野国小山氏の場合にも確認される。

そこで岩上伊勢守・細井左京亮《さきょうのすけ》を所用があるため、常陸太田まで派遣します。万端取り込みの時分でありますから、わざわざの申しごとではないですが、通路を頼み入ります。

（小山市史六六九）

書状の出された年次が定かではないが、小山秀綱が佐竹義重のところに岩上伊勢守と細井左京亮を派遣する。そのさいに岩上安芸守にたいして通路についての便宜をはかるように依頼している。

　岩上家は小山家の家臣で、下野国南部の思川《おもいがわ》流域に所領をもつ家である。そのなかでも派遣された伊勢守は比較的重要な地位を占めた家臣であった。また宛先の安芸守については詳細が不明であるが、小山家の重臣と考えられている。

　その家臣である岩上安芸守にたいして主人の小山秀綱が依頼している。太田まで使者がたどり着くために岩上安芸守の協力は必須のものであった。小山家当主であっても侵せない通路に関するなんらかの権利を岩上安芸守が有していたと考えられる。

「指南」の意味

　永禄十二年、駿河侵攻後に軍勢をいったん引き上げた武田信玄は、こんどは北関東から南下して小田原を攻める。信玄は事前の調整のために使者を安房国の里見義弘に送った。そのための路次について、常陸の佐竹氏の部将である梶原政景《かじわらまさかげ》に依頼したのが以下の書状である。

　先日は回報ではありましたが、お手紙を啓しました。届きましたでしょうか。さて来秋に小田原に向けて、かつてないほどの軍事行動をしかけます。この趣旨について談合のため里見義弘に玄東斎を派遣して伝えます。ついては路次等の指南を依頼したく思います。行動の模様は玄東斎に口上させますので、お手紙では触れません。恐々謹言。

（千葉県の歴史5大阪府四－一）

来秋の軍事行動のことでもないし、里見家への依頼事項でもない。安房国までの「路次等の指南」を依頼することが、この手紙の唯一の主旨となっている。そして信玄は依頼の内容を「指南」と書いている。この語彙からは道に関することすべてについてお願いしたいというニュアンスが聞こえてくる。

そもそも武田信玄と言わずとも、甲斐武田家の人びとが安房国の地理をどこまで知りえていただろうか。江戸時代以降は木版の地図が普及し、主たる街道が手に取るようにわかった。加えて時代が下れば「独案内《ひとりあんない》」といった観光案内書すら登場する。現代に通じるところである。しかし戦国時代にそのような書物があったことは聞かない。地図にしても同じである。

したがって領国外であれば、旅慣れた人物なら別であるが、通常は道については苦労するはずである。逆に領国外の道を知りうる者や派遣により道について経験のある者は、それだけで財産をもち得たことになる。おそらくここで信玄が梶原政景に依頼したことのなかには、道案内が含まれていたと考えたい。
　そしてなおかつ通行にさいしての安全である。梶原が全行程の安全についての権限をもっていたとはとうてい考えられない。しかし、関東の人間として依頼すべき窓口は熟知していただろう。信玄に成り代わって、安房国までの道を調整する。このことが依頼された内容と考えてよい。

室町幕府からも

　同様に、室町幕府が東国に使者を派遣したさいにも、大館晴光《おおだてはるみつ》から由良成繁に依頼があった。

> 甲斐国・越後国・相模国の和談のために使者として快悦西堂を下向させたので、富森左京亮を差し下しました。「路次」のことについて、毎年、しかるべきように御入魂《ごじっこん》が本望です。合わせて頼みます。謹言。（甲府市史409）

　武田・上杉・北条間の和平を画策する室町幕府が使者快悦西堂を下向させたのにさいして、準備のためであろうか富森左京亮をも下らせた。そのさいの依頼状である。

短文であるうえに写本でしか残らないためにやや意味が取りにくいところがあるが、「合わせて頼みます」とわざわざ書き記していることから、二件の依頼があったと考えられる。すなわち、富森左京亮の派遣にともなう「路次」の依頼。そして毎年の「路次」のことの依頼。いずれも無事の通行を取りはからうよう要請されている。

前者は単発的な依頼であるから、先に見た小山秀綱や武田信玄の依頼と同じようなことと考えてよいであろう。とくに三国間の調停にさいしてということであり、かつ上野国金山城を本拠とする由良成繁への依頼であるから、越後国と相模国間の通行についての取りはからいであろう。

問題は後者の内容である。これだけでは具体的なことがわからない。しかし、連年にわたって京都と上野国金山城間を結ぶなんらかの通行があったらしい。しかも幕府からの依頼であるので、由良家からの一方的な献上のような通行ではなく、幕府側にとってもなんらかの主体的な意味をもった通行であることが察せられる。その通行に便宜をはかってほしいと依頼しているのである。

過所はあったか

ここまで多数の事例を紹介してきたのは、中世においては道に関するなんらかの権益者が存在し、自領域以外を通行するにさいしてはその権益者の意向が事態を大きく左右したことが予想されるということを知っていただきたかったからである。

「路次不自由」とは言いつつも、施設としての道そのものが問題なのではなく、その道を把握する領主などとの関係が思うに任せないということが、どうやら少なからずあったのだろう。戦国時代の道への権益者の権利は、思いの外しっかりと保持されて、通行を規制していたのだということになる。

中世において領域の通行にさいして事前の了解が必要であるならば、その許可はどのようなかたちで出されたのであろうか。江戸時代であれば領主に認められた通行の権利は通行手形として発行される。現代ではパスポートになろうか。中世ではこの点が明らかにならない。道案内の人物が付けばそれだけで十分であったようにも思える。中世では必ずしも制度的に明確にはなりえない。

しかしなんらかの保証の必要があるとすれば、やはり文書として発行されていたはずであり、それは過所《かしょ》と呼ばれる文書などであろう。古代以来存在する文書の名称であるが、その数はあまり多くない。おそらく通行にさいして使用されるという一時性ゆえに、土地の証書などとは性格が異なって保存の対象となりにくかったのかもしれない。

3　道路を管理する人びと

新ルート発見！

永禄三年（一五六〇）以降、さかんに越山を繰り返す上杉謙信は、関東の拠点を沼田・厩橋、そして佐野と定めていた。この三ヵ所は赤城山の西麓から南麓を廻る道で結ばれていた。

しかし、武田信玄が西上野を固めるのに比例して、上杉家の通行が危うくなる。先に略奪を指令する武田家の朱印状を見たとおりである。謙信としては佐野を維持することがきわめて困難になったことを意味する。

そうしたなか、上杉家ではある発見があった。沼田から赤城山東側山麓を経て佐野を結ぶ道の発見である。

沼田と佐野の間に直通道路があって、往還が可能であることを聞き及んだ。このあいだ、その道の案内を雇って調査したところ、少しの造作でもって、人馬は自由になる。これはひとえに天道の導くところである。満足とはこのことである。倉内《くらうち》に着城したならば引き揃えた諸軍勢のうちから彼の山中に道作りをさせる。（上越市史五七九）

謙信の喜びがあふれている書状である。この道こそが赤城山東山麓を通る山道である。道は沼田から片品川《かたしながわ》に沿って東に進み、途中から支流根利川《ねりがわ》を上流へ根利へと上る。根利からは南下して峠を越え、小黒川に沿って渡良瀬川に合流するまで南下する。合流点付近には五覧田城（群馬県みどり市）という山城がある。おおよその道は現在の県道沼田・大間々《おおまま》線に等しい。謙信がこの道に注目し、軍用道路として普請をおこなった。永禄十年（一五六七）のことである。

このなかで注目しておきたい点は、道の確認のために案内者が雇われていることである。案内なくして新規の道の発見はありえない。利根川の渡河点にも案内者の存在があったが、その場所の交通について、案内者の存在が大きいことに注意を払っておきたい。

越相交渉のとき

この根利を通る道は永禄十年以降の戦国時代にあって、政治的にきわめて重要な役割を果たすことになる。たとえば越相交渉のときである。

根利周辺図

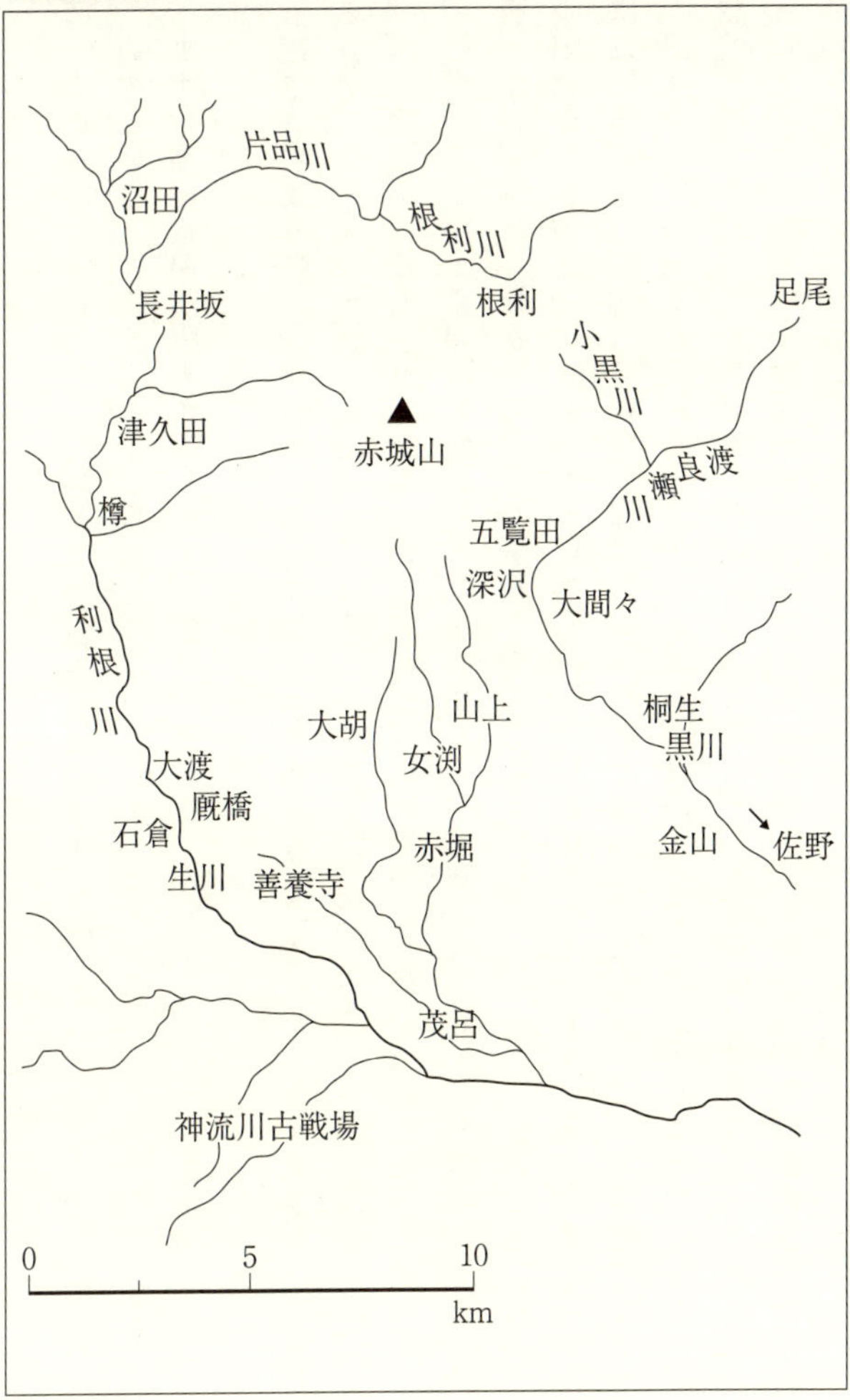
片品川
沼田
根利川
根利
長井坂
足尾
小黒川
津久田
赤城山
渡良瀬川
樽
五覧田
深沢
大間々
利根川
山上
大胡
桐生
黒川
女渕
大渡
厩橋
石倉
赤堀
金山
佐野
生川
善養寺
茂呂
神流川古戦場
0
5
10
km

今川氏真《いまがわうじざね》より越後国へ使僧として富士東泉院を指し越します。「路次中」にまちがいのないようによくよく申し付けてください。その地までは市川半右衛門を差し添えます。委細は遠山康光が申します。恐々謹言。（上越市史七三三）

武田信玄により駿河国を追われた今川氏真は北条家に庇護された。なんとか領国を回復するため、みずから先陣で奮戦するとともに、上杉謙信の助力を得ようと使者を派遣した。越相交渉がおこなわれているその最中に、北条家の発した使者を追うように今川家よりの使者である富士東泉院の僧が越後国をめざした。派遣にさいして、庇護者である北条氏康が由良国繁に「路次」の安全を依頼したのである。

小田原から金山までは北条家が市川半右衛門を付き添わせて送り届ける。付き添わせた意図は道案内そして通行の安全の保証ということになろう。したがって由良国繁にたいする「路次中」についての依頼はその先、おそらくは沼田までの道ということであろう。時代状況を勘案すれば、このときに通行する道こそが根利を通過する道となる。つまり北条家としては金山から根利を通過する道、おそらくは沼田にいたるまでの間は由良国繁が責任者であると認識していたことになる。

しかしこの街道についてはは普請をおこなっているのであるから、上杉家にも一部の権益があったのだろう。両家の関係が順調であれば問題はないが、敵対関係になった場合、道も争奪の対象となったことが予想される。

事実、天正三年（一五七五）九月にはこの街道の要衝である五覧田城で由良家と沼田勢との合戦がおこなわれた（戦国遺文古河公方九六九）。合戦は沼田側が拠点とした二ヵ所の城館を由良側が落とし、五覧田城の根小屋でも奮戦した。由良家の圧倒的な勝利であったらしい。領国の境目での紛争ではあろうが、内実としては街道の権益をめぐる抗争と考えてよいだろう。

阿久沢家

ところで、根利を通過する街道は、直接的に由良家が把握していたのではない。さらに現地に近いところで阿久沢《あくさわ》家という武士の存在が確認される。

永禄十二年（一五六九）二月十六日、北条氏康は阿久沢左馬助《さまのすけ》に街道の往復での活躍を期待すると書状を出した（群馬県史二六五一）。この書状は阿久沢氏が街道往還で働く旨を申告したことにたいして、北条氏康が感謝する内容となっている。書状の末で詳細については使者の志津野が申しますと加えている。

使者志津野は二月初旬の段階で沼田―金山―小田原間の使者として確認することができる。志津野は街道利用をめぐっての調整で、阿久沢家を訪れていたのだろう。氏康書状が示唆する往還とはまさに赤城山東山麓の金山―沼田間の交通と考えられる。

したがって阿久沢の申告は、北条家の人物が通行するのにさいして安全を保証するという内容になる。日付から考えて越相交渉のための条件整備がおこなわれていたとみてよかろう。じっさいに永禄十二年八月には小田原から使者として天用院が越後府中に派遣されている。このときも阿久沢氏は北条氏政より沼田までの「路次中」で働くように任されている(小田原市史八八五)。

阿久沢家は以前は桐生佐野家に属していたとされ、由良家の影響下にいた。先に由良国繁が今川氏真の使者の通行について依頼されていたことを見たが、由良家に阿久沢家が属していたための依頼であったことになる。

上杉側の実力行使

さて、永禄十年(一五六七)四月に興味深い事件が起こる。上杉家による街道普請の直前のことである。

上杉家では根利に関所を置き、その地に越後国内より発智《ほっち》長芳《ながよし》を派遣した。すると即座に阿久沢家より権利の侵害であると訴えが起こされた（上越市史五五六）。

この訴訟に対応したのは上杉家家臣の山吉豊守であったが、実力行使を命じる。上杉家の北関東での情勢はきわめて芳しくなく、西上野は武田家に、赤城山南側山麓は由良家に抑えられていた。重要拠点の佐野および佐竹家や宇都宮家との連絡に欠かせない、従来の主街道である赤城山西側山麓および南側山麓を通過できなくなった状態では、残る赤城山東側山麓の街道がまさに生命線だった。

しかし、このルートは先に上杉謙信も書状で書き送っていたが、本来は上杉家では知られていない道であり、案内者により確認した道だった。そして阿久沢家が権利侵害で訴えたところを見ると、従前より阿久沢家が把握していた街道であり、上杉家を案内したのも阿久沢家の人物である可能性が高まる。本来ならば阿久沢家と調整のうえで発智長芳は関所に派遣されねばならなかったのだろう。しかし、背に腹は替えられない上杉家は調整をせずに発智氏を派遣し、実力行使で街道を把握しようとした。

この事件は天正三年の合戦まで尾を引くことになるのであろうが、注意したいことは赤城山東側山麓の街道と阿久沢家の密接な関係である。北条家ですらもそれを侵すことができず、上杉家も北条家も一定の権益の存在を認めていた。北条家は阿久沢家の存在を前提として通行の安全を確保しようとしていた。阿久沢家あってこその街道であり、その関係を前提として由良家の権利も生じていたのだった。

天正十一年（一五八三）末、由良家は北条家に叛旗を翻す。事態は沼尻の合戦へといたる。この過程で阿久沢家は由良家から離脱し、直接に北条家に属するようになる。そのため由良家の攻撃を数度にわたって受けることになる。

街道の通行を保証する地元の権力者の存在に注目したい。

碓氷峠の佐藤家

同じような存在は碓氷峠でも見ることができる。

天正十年（一五八二）六月、本能寺の変により関東地方でも政治的混乱が起きる。織田信長によって派遣され関東管領を称していた滝川一益《たきがわかずます》が北条氏直《うじなお》の軍勢に敗れ、北条家の領国が上野国に大きく伸びる。北条家の勢力範囲は一時は信濃国佐久盆地にまで伸びた。碓氷峠も北条家の影響下となる。それは天正十一年四月に明確になる。

> 碓氷峠に還住して、小諸への往行の万端について、厳密に働くとのこと、まことに肝要に存じます。ことに誓詞に血判を捺してご意志をお伝えいただきました。真実のいたりで本望に存じます。
>
> （群馬県史三二四三）

この当時、碓氷周辺の中心は松井田城（群馬県安中市）で、北条家は大道寺政繁《だいどうじまさしげ》を城主としていた。碓氷の峠と呼ばれた地点に拠点を置く佐藤織部丞《おりべのじょう》がその大道寺氏に誓約書を提出し、それに応えて出された大道寺氏の判物がこの文書となる。

一連の争乱のなかで峠の佐藤織部丞は在所から避難してしまった。天正十年十月末に甲斐国若神子《わかみこ》での北条氏直と徳川家康との対陣も終結する。それにともなって政治的関係が整理され、いちおうの条件が調った。西上野にあっては真田昌幸《さなだまさゆき》の帰属が問題となり、以後の大きな政治課題となるが、碓氷峠の帰属は北条家へと決まった。政治的安定をうけて佐藤織部丞は、峠に戻り、誓約書を提出したことになる。峠で往来について働くという誓約書である。そして大道寺氏がその権益を認めたのがこの古文書となる。

碓氷峠における佐藤家の立場を、北条家が認知したことになるわけだが、その後の具体的な活躍を示す史料が一点だけある（戦国遺文後北条氏二八五一）。

上野国を東西に貫く街道について金山城下の太田から碓氷峠にいたるあいだに伝馬を定めた。それぞれの伝馬を継ぐ場所と責任者を定めて、北条家は虎印判状を発行する。天正十三年（一五八五）閏八月、北条氏邦がその印判状を取り次いだ。伝馬を継ぐ町場のうち碓氷峠にかかわる地点として、上野国側山麓の坂本が定められた。その坂本では佐藤家が取り扱いと決められている。坂本の次の宿は信州坂本と地名だけ記載され、担当者は明示されていない。佐藤家は北条家の碓氷峠の担当者としてその名を見せている。

愛宕山城の役割

碓氷峠の東側麓、坂本よりやや登った地点に刎石山があり、第二章3節で見た「上り地蔵」「下り地蔵」があるのだが、そこをやや下った地点に愛宕山城と呼ばれる小さな山城がある。

峠からの街道に沿った尾根がある。その尾根上の平坦でやや広がりをもつ場所で、かつ東の上野国側にやや切り立った斜面をもつ地点に城はある。その場所に方形の平地を作りだし、周囲を土塁と空堀で固め、南側には小型の馬出《うまだし》をともなった虎口《こぐち》を構えている。城の構えは上野国側に堅固に普請を施し、あたかも信濃国側から攻めこんだ軍勢が上野国側にたいして威圧を加えるかのように構えられている。残念ながら、この愛宕山城に関する歴史はわからない。

しかし、碓氷峠を越える街道に面して築かれ、かつ山麓の坂本の集落に近い場所にある。かりに信濃側の勢力の築城だとすると、麓の坂本との距離に比してあまりにも補給路が長い。麓の坂本との関係を踏まえてこそ理解できる位置関係である。したがって坂本と

愛宕山城　調査図（調査作図　齋藤慎一）
*作図にあたって松井田町役場発行、1:2500地形図を使用した

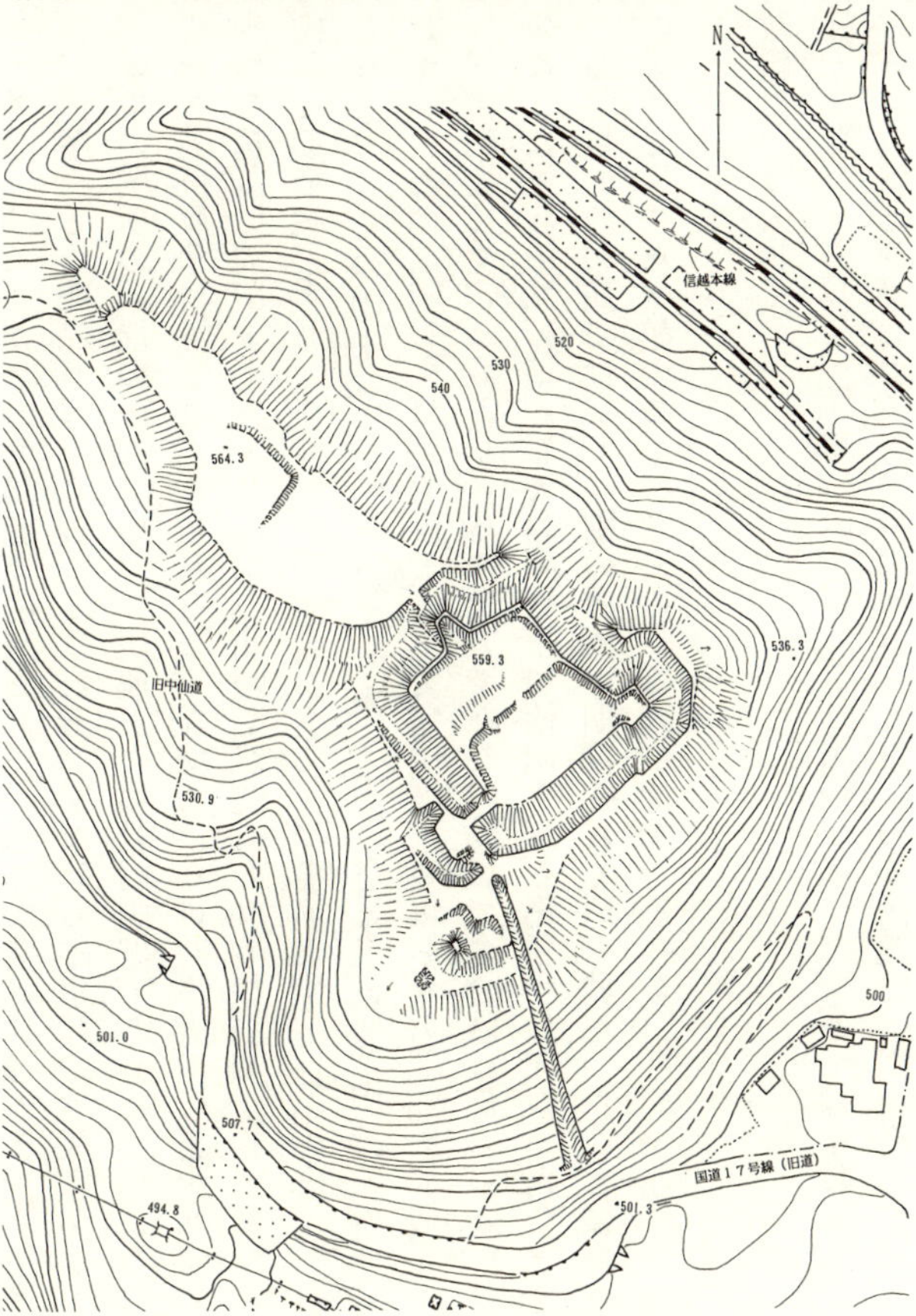

関係して峠の交通にかかわった城館と考えられる。坂本と愛宕山城がセットで考えられるならば、佐藤家との関係が浮上することになる。すなわち碓氷峠で佐藤家がかかわった城館で、国境の関所の機能の一部を担った城館がこの愛宕山城であったことになる。

およそ大名間戦争でもちこたえられるような城ではない。事実、天正十八年(一五九〇)に碓氷峠を越えて前田・上杉・真田家の北国勢が関東に攻めこんでくる。このとき、碓氷峠の山間で前哨戦があり、松井田城で激戦があった。東海道筋では山中城(静岡県三島市)が知られるが、その山中城攻めに対応する東山道での合戦が松井田城での籠城《ろうじよう》戦であった。しかし、その前哨戦の合戦場所として愛宕山城は登場しない。加えて地元の伝承地にしても、合戦場は愛宕山城よりさらに西方であり、同城での合戦は伝わらない。

このことは愛宕山城の地点が大名間戦争で使用される場所ではなかったことを示唆している。戦争目的の城館ではなく、別の機能が期待されていた城だったことになる。つまり関所の機能を担った城館であると考えられるのではなかろうか。

栗林政頼という人物

天正十二年(一五八四)、関東地方では大きな合戦があった。西では小牧長久手の合戦があり、その合戦と連動して下野国南部にある三《み》毳山《かもやま》の南山麓で沼尻の合戦が起こった。

上野国側から北条氏直の率いる北条勢が、下野国宇都宮から佐竹義重・宇都宮国綱率いる北関東の諸領主が、それぞれ大軍をもって激突した。この合戦で北条家は徳川家康と、佐竹・宇都宮側は羽柴秀吉と連絡を取り合っていた。

合戦は沼尻で五月初旬には始まっており、沼を挟んで陣城を構えて対陣となった。ところが沼尻では膠着《こうちゃく》状態となり、決め手を欠く事態となってしまった。両軍は相互になんらかの手立てを模索していた。

佐竹側は秀吉に援軍を期待する。秀吉は好意的な返事をするとともに、上杉景勝に助勢を依頼する。上杉側もなんらかの対応をとったらしい。合戦終結後、秀吉は景勝の行動のおかげで勝利したと賛辞を書き送っている。

秀吉が満足した上杉家の対応とは具体的になんであるかはわからない。しかし、沼尻の合戦にさいして、上杉家では前哨戦がおこなわれていた二月十一日に関東に通じる三国峠でひとつの対応をしている。

三国峠にいたる三国街道は越後湯沢（新潟県湯沢町）の市街地を出るとすぐに山道となり、芝原峠を越える。この峠に荒砥《あらと》城と呼ばれる小さな山城がある。たいした広さではない方形の主郭を中心に、街道に向けて西と北に二つの道筋を付けている。それぞれ角馬出や桝形《ますがた》門などを普請して、厳重な守りをもった構えになっている。横堀や竪堀を随所に配し、いかにも考えられた設計である。

この山城に上杉家臣の栗林政頼《くりばやしまさより》という人物が配置された。天正十二年二月十一日である。命令にともなう所領宛行《あてがい》の朱印状には「荒砥在城を申し付けるにより」とあることから、荒砥城はまちがいなく城として認識されている。小型の山城で大名間戦争ではあまり効果を発揮できるとは思えないが、ある程度の軍勢の来襲にさいしては、防波堤としての役割は期待されていたのであろう。

この朱印状と同日付でもうひとつ、直江兼続が奉じる朱印状がある。そこでは栗林政頼に荒砥関所が任され、人びとの通過に関与するように命じられている。そして関所での収入は御料所として預け置くと命じられている。関所で収入があることは江戸時代の関所とは異なりいかにも中世らしいが、この収入が御料所すなわち上杉家の直轄領になっていることも興味深い。

栗林政頼は荒砥城に在城し、付属する荒砥関所の管理も任され、三国街道の交通を管理する人物として認定されたのだった。

「人留」

じつはこの栗林は天正九年（一五八一）にも荒砥在城を命じられている。

荒砥城　調査図（調査作図　齋藤慎一）
*作図にあたって国土地理院発行二万五千分の一地形図「土樽」を参考にした

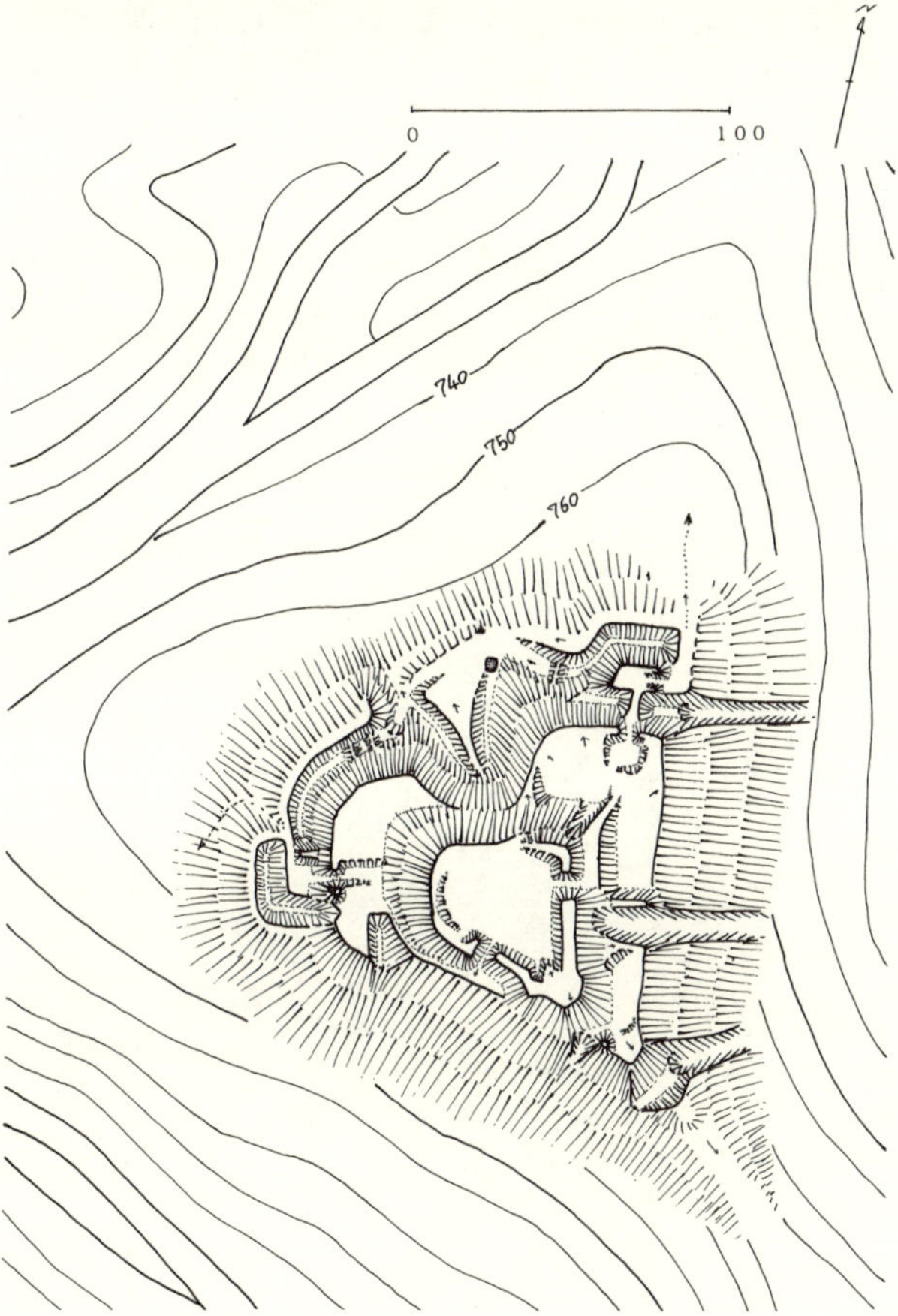

さらにこのとき以前のこと、越相交渉が続く元亀二年（一五七一）二月、上杉謙信は越中国に向けて出陣する。その背後を固める措置の一環として、栗林政頼にたいして越後国から関東へ越える人がいないように厳重に通行を停止させるよう命令する（上越市史一〇二八）。上杉家にかかわる史料中ではしばしば「人留」という語彙で出てくるが、その一例である。越相交渉時には重臣を沼田に送り、そこで小田原の北条家と交渉させる。越中出陣中に越後国内からの情報等の流出を最小限に留めるための施策であったのだろう。

元亀三年（一五七二）六月に、越相交渉が決裂し、武田家と北条家がふたたび同盟を結ぶ。このようになると上杉謙信の動静にかかわる情報は重要になる。とりわけ信濃・関東方面に軍勢が向かわないという情報は貴重であろう。同年八月、謙信は越中国にいた。このときも沼田にいた栗林に「諸口の人留が肝心である」と指示を出す。

その後も天正四年（一五七六）や上杉景勝の段階になっても、栗林政頼はしばしば関東にたいしての人留めを命じられている。任地はともかくもつねに関越の交通にかかわる場所に置かれて、交通の統制にあたっていた。

天正十二年（一五八四）での在城命令は、一時的なことであるか、それとも天正九年より継続して在城していたことの確認であるか、詳細は明らかでない。しかし天正十二年二月というタイミングでの命令は明らかに関東情勢に対応してのものであろう。

北条側であろうが、佐竹側であろうが、どちらであっても上杉家は国境を通過する関係者をチェックし、的確に情報を集め、かつ情勢をコントロールしようとした。上杉家の了解がなければ三国峠は通過できない。そのことの具体的な対応がこの栗林政頼の荒砥在城にこめられていた。

国境監視のスペシャリスト

関ケ原の合戦の二年前、上杉家は会津に転封になる。ここでの行動に嫌疑を懸けられ、上杉征伐という合戦の引き金が引かれた。

このとき、上杉家では関東に接する街道の口を固めていたことは事実らしい。会津から南下する道がある。山間部を南方へ日光に向けて街道は通じる。途中、会津と下野国の境には山王峠という峠がある。その峠の南側山麓の谷間にある鶴ケ淵に施設が構えられた。谷を横断するように土塁と堀が普請され、中央の河川に近いところに大きな馬出が構えられている。まさに谷間の街道を封鎖する構造をもつ関所のような施設である。

鶴ケ淵という地名は文書にも見ることができるが、この鶴ケ淵に栗林政頼がいた。彼は上杉家の国境監視のスペシャリストだったことになる。

中世にあっては土地の人間として交通に関与し、戦国大名などからは安堵というかたちで保証を得て、みずからの存在が支配機関に組みこまれた。しかし、戦国時代も下り、江戸時代に向かうにしたがい、その立場は徐々に大名家側に組みこまれていった。峠ではその変遷が如実に表現される。荒砥関所の収入は上杉家の御料所となっていたことはそのあらわれであるし、栗林政頼のようなスペシャリストの存在もまた然りである。地蔵に願う峠から、関所が取り締まる峠へ。中世人の主たる感覚も、畏怖から管理統制へと移り変わったことが読み取れるかもしれない。

第四章　すべての道は鎌倉に通ず？

1 メインルートは上道

三つの道筋

中世の関東平野の街道と聞けば、多くの人が鎌倉街道を思い出すであろう。上道《かみのみち》・中道《なかのみち》・下道《しものみち》の名前までも浮かべば、じつに詳しい人ということになるかもしれない。

現在でも各地に鎌倉街道の名称は使われている。正式名称ではなくとも通称とか伝承などでこの名称は生きており、自治体がおこなう歴史の道調査などでは、調査を遂行するうえでの重要な対象になっている。さかのぼれば、江戸時代に編纂された『新編武蔵国風土記稿』などにも、その伝承が採録されている。

思いもよらないところに鎌倉街道と関連する地名が残されている。たとえば埼玉県では坂戸市内の鎌倉町や飯能《はんのう》市の鎌倉峠は鎌倉街道と関連するという伝承をもっている。都内であれば、杉並区や世田谷区に鎌倉橋という橋がある。いずれも鎌倉街道中道との関係が伝承されている。千代田区や葛飾区の鎌倉も地域的に近接地であることから、関連する伝承はないが鎌倉街道下道との関係があるかもしれない。

通称地名までも拾えば、鎌倉街道は多数存在し、いずれが本道であるかわからないほどである。その様相は各地で発行された歴史の道の調査報告に明らかである。その輻輳《ふくそう》した状態のなかから、厳密に遺跡のレベルで鎌倉街道を復元することは、きわめてむずかしい。多くの伝承のなかには確実な鎌倉街道を含むものの、ただ単に古い道であると表現するための語として使用された鎌倉街道伝承も含まれていたのだろう。逆にそれゆえにロマンも生じる。

そもそも鎌倉街道とは相模国鎌倉を中心に各地を結ぶ街道の総称で、鎌倉往還とも呼ばれた。各地の御家人が〝いざ鎌倉〟と馳せ参じるために整備されたという。大きくは上道・中道・下道の三本の道筋が著名である。

上道は武蔵道とも呼ばれ、武蔵府中・堀兼（埼玉県狭山市）・笛吹峠（同鳩山町・嵐山町《らんざんまち》）・児玉（同本庄市）を経て上野国にいたり、信濃国・越後国に向かう道である。おおよそは古代の東山道と並行している。

下道は関東平野の東側を貫く道で、鎌倉から東京湾岸を北上し、浅草から松戸、そして常陸国方面へといたる道とされている。

中道はこの中間に位置し、中野・王子・岩槻を経て、高野の渡と古河《こが》の渡を越え、古河・小山・宇都宮、そして陸奥国にいたる奥の大道につながるとされる。

これら幹線から枝わかれする街道も存在する。代表的なものとしては鎌倉街道上道の入間川《いるまがわ》渡河点付近もしくはその以北で分岐し、上野国東部から下野国方面へと延びる道である。

あたかも現代の高速道路のように鎌倉と各地を結び、時代の重要幹線の街道として、関東平野にはりめぐらされていた。部分的にいにしえの雰囲気を伝える場所も残るほか、発掘調査によって往時の様相が明らかになることも増えてきた。在りし日の鎌倉街道を偲《しの》んで、古道を訪ねる愛好者もけっして少なくない。

重層的な理解に向けて

この鎌倉街道の全貌を明らかにすることはじつは容易なことではない。

そもそも鎌倉幕府との関係はまちがいないだろうが、街道敷設にかかわる文献は残されていない。そして触れたような各地に残る多数の伝承群である。ゆえに本書でも全貌解明のようなことはもとより考えていないし、力量の及ぶところでもない。鎌倉街道の名称を使用することの当否も含め、詳細な検討は別に機会をもちたい。しかし、これまで触れてきたことを踏まえるならば、鎌倉街道の周辺でもさまざまなことが考えられる。少し異なった鎌倉街道像を描き出せそうである。

鎌倉街道要図

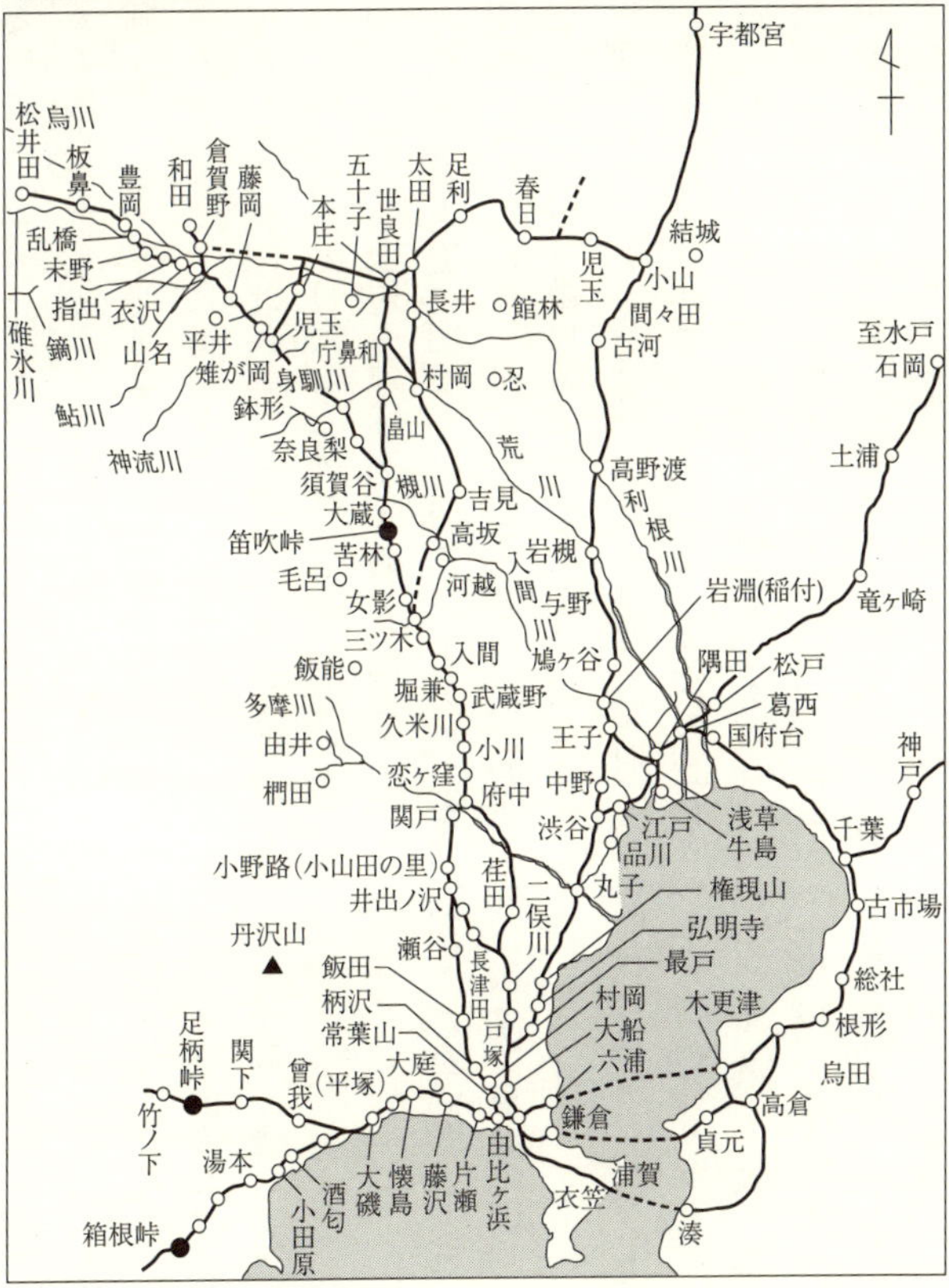
宇都宮
松井田
烏川
板鼻
豊岡
和田
倉賀野
藤岡
五十子
太田
足利
春日
本庄
世良田
結城
児玉
小山
乱橋
末野
指出
衣沢
長井
館林
間々田
碓氷川
鏑川
山名
平井
児玉
庁鼻和
古河
至水戸
石岡
雉が岡
身馴川
村岡
忍
鮎川
鉢形
奈良梨
畠山
荒川
神流川
土浦
高野渡
須賀谷
槻川
吉見
利根川
大蔵
笛吹峠
高坂
苦林
岩槻
入間川
河越
毛呂
与野
岩淵(稲付)
竜ヶ崎
女影
三ツ木
入間
鳩ケ谷
飯能
隅田
松戸
堀兼
武蔵野
葛西
多摩川
久米川
王子
国府台
由井
小川
神戸
恋ヶ窪
中野
椚田
府中
関戸
渋谷
江戸
浅草
牛島
千葉
品川
小野路(小山田の里)
荏田
二俣川
丸子
権現山
古市場
井出ノ沢
弘明寺
丹沢山
瀬谷
最戸
長津田
飯田
総社
柄沢
村岡
木更津
常葉山
大船
根形
戸塚
足柄峠
関下
曾我(平塚)
大庭
六浦
烏田
竹ノ下
鎌倉
高倉
湯本
貞元
酒匂
大磯
懐島
藤沢
片瀬
由比ヶ浜
浦賀
衣笠
箱根峠
小田原
湊

なによりもまず、三本の鎌倉街道はいずれも利根川を渡河しなければならない。そして個々の地点ではさまざまな権利者がいたであろうことが推測される。したがって、街道を計画したであろう鎌倉幕府は、彼らの存在を無視して地図上で目的地をめざして一直線に線を引くがごとくに街道を計画したのではないことが容易に想像されよう。とくに中道が路線とした武蔵国北東部は利根川・荒川や渡良瀬川の影響を強く受ける洪水の多発地帯である。維持管理だけでも容易なことではないだろう。

加えて時代の変遷も加味するとどうだろうか。

一般に鎌倉街道に関する記述では、どの地点を通過するかが問題とされ、街道の変遷にまで触れることはほとんどない。鎌倉時代に敷設された鎌倉街道が戦国時代までも存続するという、平板な鎌倉街道像が語られている。

南関東だけを考えても、為政者は鎌倉幕府、室町時代の鎌倉府、そして戦国大名北条家、さらにはその間をつなぐ扇谷《おうぎがやつ》上杉家の存在という具合に移り変わっている。それぞれの為政者が向き合う街道像もおのずから異なったはずであり、一枚の地図でのみ語られる鎌倉街道はおそらく歴史像を十分に反映したものではないだろう。とするならば、時代の重要幹線もおのずからいわゆる三本の鎌倉街道にかぎられることもなくなるはずである。この点の解明には、身近に感じる歴史の醍醐味《だいごみ》もありそうである。

今日では、完成した高速道路を走り、目的地までいち早くたどり着くことができる。この感覚のなかに、忘れ去られた道にたいする常識が眠っているのではなかろうか。そのことについて鎌倉街道を中心に中世の関東平野にはりめぐらされた街道をたどり、その歴史のなかから繙《ひもと》いてみたい。

新田義貞の鎌倉攻め

鎌倉街道の利用について直接に語る史料はけっして多くない。断片的に残る記述から街道を復元する営みはすでに多くの論者によってなされている。その先学に導かれて、鎌倉街道の道筋は復元されているのではあるが、そのなかでも上道に関する情報は比較的に多い。

鎌倉時代の鎌倉街道上道を知る代表的な史料として『宴曲抄』（正安三年〔一三〇一〕成立・『続群書類従』所収）がある。そのなかに信濃国善光寺参詣にかかわる史料があり、鎌倉から善光寺までの行程を描いている。記述のなかに通過する地名を順に読みこみ、丹念に周辺地理と読み合わせることによって、街道の道筋が復元できる。

たとえば、「婦にそはずのもりてしも、落る涙のしがらみは、げに大蔵に槻川の、涙も早く比企野が原、秋風はげし吹上の梢もさびしくならぬ梨、打渡す早瀬に駒やなづむらん」と、婦人とわかれ旅ゆく寂しさを叙述した文章のなかに、大蔵（埼玉県嵐山町）・都幾《とき》川《がわ》・比企野が原（同県同町）・奈良梨（同県小川町）などの通過地点が順に盛りこまれている。記述は鎌倉の由比ケ浜から善光寺にまでいたっており、鎌倉街道上道の経路を具体的に示している。

この上道を上った代表的な人物として新田義貞がいる。元弘《げんこう》三年（一三三三）五月、鎌倉幕府を倒す目的で上野国新田庄を発した新田義貞の軍勢は鎌倉街道上道を南下した。国指定重要文化財「元弘の板碑」（東京都東村山市徳蔵寺所蔵）には、街道に面する東京都東村山市・府中市近辺での合戦が語られている。

新田軍の行路は『太平記』によれば、五月八日に新田庄生品《いくしな》神社（群馬県太田市）を出発。十一日に小手指《こてさし》原（埼玉県所沢市）での合戦がある。

舞台は徐々に南下していく。入間川の新田勢と久米河の幕府勢が対陣。その後の十五日には多摩川に面する分倍河原《ぶばいがわら》（東京都府中市）で戦う。このとき、新田勢は街道に沿って堀兼（埼玉県狭山市）まで退却するが、体勢を立てなおして南下を継続し、十六日の分倍河原・関戸（東京都多摩市）で合戦し、その後、一気に鎌倉をめざして村岡・藤沢・片瀬（以上、神奈川県藤沢市）・腰越・十間坂（以上、同鎌倉市）と進軍する。

鎌倉を目前にした稲村ケ崎で岸壁と海に行く手を阻まれる。太刀を海に奉納したところ、潮が引いて道が開けた。このような伝承が伝えられていた。しかし近年では偶然にも大潮と重なり、道を利用できたことが解明されている。

鎌倉幕府滅亡という政治的に大きな場面に、鎌倉街道上道は歴史の大きな舞台となっていたのである。

北畠顕家と高師直

新田義貞に続いてこの道を上った人物として北畠顕家《きたばたけあきいえ》がいる。『神皇正統記《じんのうしようとうき》』を著した北畠親房《ちかふさ》の嫡子で、南朝の悲運の武将である。二度にわたって奥州から上洛軍を率いて奮戦した。また死の直前に後醍醐天皇に建武新政を批判した文書を認《したた》めている。文武の才に長《た》けた人物として名を残している。

この顕家は父親房とともに南朝拠点を構築すべく奥州に下っていた。折悪しく上方での苦戦を強いられた後醍醐天皇は北畠家に上洛を要請する。顕家は建武四年（一三三七）八月十一日、結城宗広《ゆうきむねひろ》・伊達行朝《だてゆきとも》・南部政長《なんぶまさなが》の名だたる南朝方の武将を率い、拠点としていた陸奥国霊山《りようぜん》を発して上洛の途についた。総勢六千余騎といわれる。上洛の途上には北朝拠点の小山そして鎌倉を陥落させるという大きな課題があった。

北畠顕家の軍勢は陸奥国から奥の大道と呼ばれた幹線道路を南下して、下野国小山にいたって合戦となる。続いて十二月十六日、武蔵国安保《あぼ》原で合戦になった。安保が埼玉県神川町・上里《かみさと》町に当たることから、この付近での合戦と思われる。

その後、北畠軍は鎌倉に向かい、二十四日には鎌倉で合戦となる。つまり、顕家勢は小山からは利根川北岸を西進し、群馬県高崎市から伊勢崎市にかけての付近で利根川を渡河し、武蔵国安保で戦い、近くを南下する鎌倉街道上道を下って、鎌倉に向かったことになる。鎌倉陥落後、顕家は京都に向かうが、上洛直前の和泉《いずみ》国で討ち死にし、若くして生涯を閉じている。

北畠顕家亡き後、父親房は筑波山南麓を拠点とし南朝勢力の回復を試みた。その拠点を攻めた北朝方の武将が高師直《こうのもろなお》である。

北畠親房が『神皇正統記』を著したとされる常陸小田城（茨城県つくば市）を攻めるため、高師直は暦応《りやくおう》二年（一三三九）八月ころに鎌倉を発った。途中で軍勢を集めつつ、鎌倉街道上道を北上した。鎌倉街道上道の支線を通過して上野国新田庄・下野国足利庄方面に向かう。その途上の村岡（埼玉県熊谷市）が軍勢の集合場所だったらしく、矢野定藤という武将は九月八日に「武州村岡宿」に馳せ参じたと軍忠状に記している。

現在の感覚ならば、筑波山に向かうには鎌倉から東京に出て、秋葉原からつくばエクスプレスに、一昔前ならば上野に出て常磐線で土浦にとなろう。ともに関東平野の東側を通過する。ところが高師直軍は関東平野の西側を南北に貫く鎌倉街道上道を経由して、おそらく栃木県佐野市・茨城県結城市を経由して進軍したのである。ずいぶんと遠回りしたことになる。

観応の擾乱前後

南北朝時代初頭、足利尊氏・直義の兄弟が不和となり抗争に発展する。観応《かんのう》の擾乱《じょうらん》である。

尊氏は事態に対処するため関東に下向した。直義を毒殺した後、関東の直義派を一掃すべく、尊氏は武蔵国内を転戦している。正平七年（一三五二）閏二月、鎌倉街道上道に沿って北上し、ここで新田義宗《よしむね》・上杉憲顕《のりあき》と交戦する。一度は石浜（東京都台東区）に逃れるが、二十八日に尊氏派の仁木《にき》頼章《よりあき》が小手指原・入間原（埼玉県所沢市）で勝利すると、高麗《こま》原（同日高市）、苦林《にがばやし》宿（同毛呂山町）、笛吹峠（同鳩山町・嵐山町）と尊氏軍が追撃し、新田・上杉軍は越後国・信濃国へと没落した。鎌倉街道上道を舞台に戦場がしだいに北上して推移していった。

翌文和《ぶんな》二年（一三五三）七月、鎌倉府に下向した尊氏の子息足利基氏《もとうじ》が、「入間川御陣」を構えた。尊氏派が主導する鎌倉府は北関東に勢力を張る直義派に対抗する必要があった。そのために入間川南岸の現在の狭山(埼玉県狭山市)を選んだと考えられている。以後、貞治《じょうじ》元年(一三六二)まで「入間川御所」と称して、鎌倉府の所在地となった。この「入間川御所」の位置は鎌倉街道上道と関係したと考えられ、同街道の入間川渡河点の南側に位置していた。同所には関東各地から警固の武士が集まっている。

観応の擾乱にさいして直義派であった上杉憲顕は乱後に失脚していた。しかし、体制の安定を模索した室町幕府は、この憲顕を赦免して復権させる。この措置に反発した宇都宮家の家臣芳賀《はが》禅可《ぜんか》は貞治二年(一三六三)八月、鎌倉街道を南下し、足利基氏軍と合戦となった。

戦場の苦林野(埼玉県毛呂山町)は鎌倉街道上道の苦林宿の付近であったと考えられている。この合戦で基氏は勝利し、そのまま鎌倉街道上道を北上し、宇都宮氏綱も攻めた。ここでも鎌倉街道上道が歴史の主要舞台となっている。

小山義政の乱

関東の南北朝時代の大きな戦乱として小山義政《おやまよしまさ》の乱がある。下野国小山家当主の小山義政が鎌倉公方足利氏満《うじみつ》に叛旗を翻して数度にわたって挑んだ合戦である。

事の発端は康暦《こうりゃく》二年(一三八〇)五月に義政が宇都宮基綱を攻め滅ぼしたことであった。

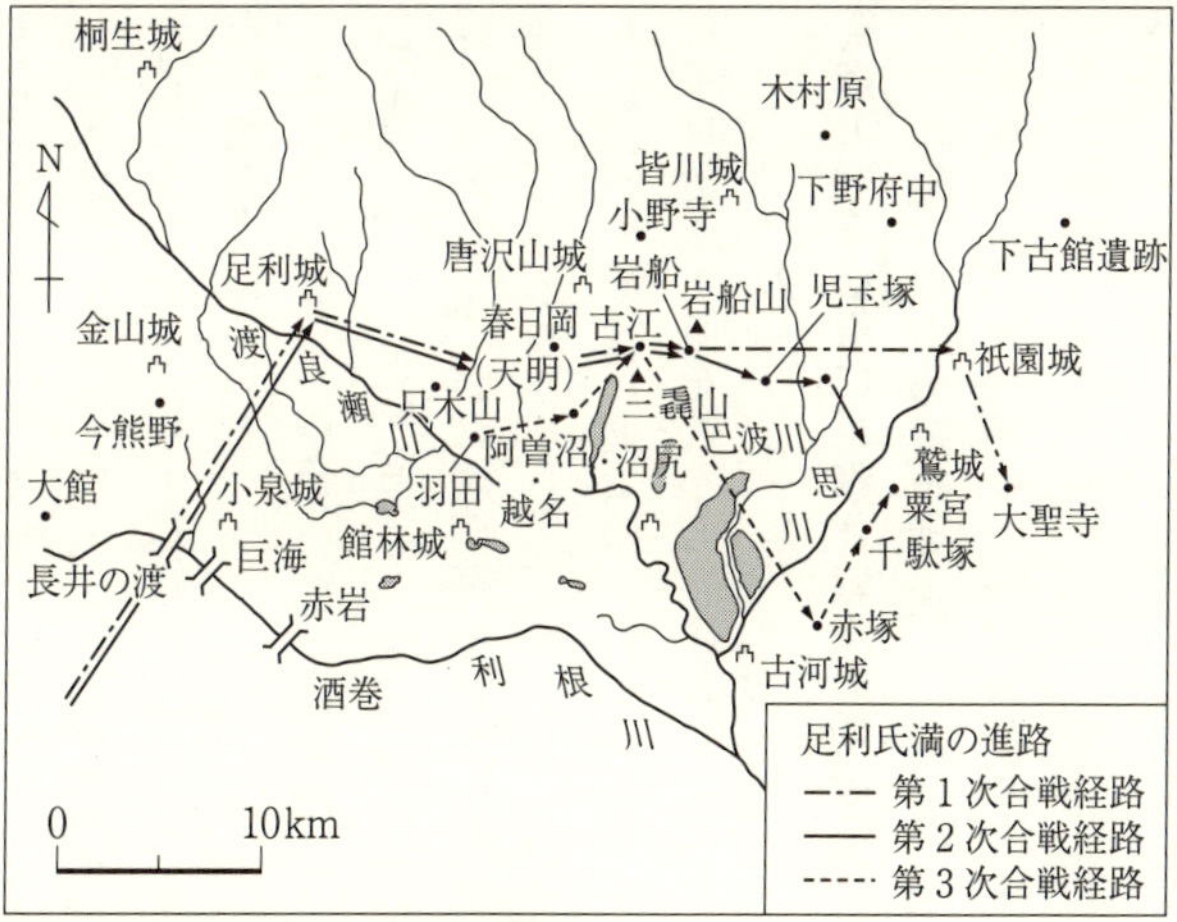

小山義政の乱及び北関東交通関係図

この報を受け、室町幕府の許可を得た足利氏満は関東各地に軍勢動員の命令を出す。そして氏満みずからが軍勢を率いて翌月十五日に出陣している。

六月十八日に武蔵国府中（東京都府中市）が集合場所だったらしい。ここから武蔵国北部の村岡（埼玉県熊谷市）ほか、天明・岩船（栃木県岩舟町）を経由して、八月九日に小山祇園城北口に到達した。

現代であれば東京から宇都宮線、府中からであっても武蔵野線を経由して小山に向かう。途中、栗橋・古河間で利根川を渡る。おおよそ鎌倉街道中道に沿った交通をイメージする。ところが氏満の軍勢は鎌倉街道中道を進まず、上道を通っている。加えて合戦終了後、帰還する氏満は九月二十九日に足利にいたっている。往路と同じ道での帰還であった。

翌永徳元年（一三八一）、小山義政は再度挙兵し、第二次の小山義政の乱を起こす。この合戦は小山義政自害で終結する。このときも上野・下野国付近では第一次合戦とほぼ同様な経路を進んでいる。

永徳元年二月、足利氏満の軍勢に従った下野国の塩谷行蓮は四月二十六日に天明御陣（栃木県佐野市）に馳せ参じ、その後、岩船山（同岩舟町）・小玉塚（同大平町西水代《みしみずしろ》字小玉）を経て、六月十二日に本沢河原（同小山市上泉字本沢、巴波《うずま》川《がわ》の河原）、六月二十六日に千町谷御合戦（比定地不明。谷とあることから、思川の渡河点であろうか）にいたる。おおよそ現在の国道五〇号線に沿った道での行軍ということができる。この第二次の乱においても武蔵府中から鎌倉街道上道を進んだと思われる。

街道の選択は単に軍事作戦上の問題ではない

その後、義政の遺児若犬丸が再度、至徳三年（一三八六）に挙兵する。第三次合戦である。対する足利氏満は同年七月初旬および翌年六月頃の二度にわたって小山に向かう。至徳四年の時、六月五日に羽田（栃木県佐野市上羽田町・下羽田町）、十四日に阿曾沼（同佐野市浅沼町）、十六日に古江山（同岩舟町古江）へと軍を進めた。

小山義政の乱にさいして、三回にわたる足利軍の経路は、鎌倉を発ち、武蔵府中を基点として鎌倉街道上道を北上し埼玉県比企郡から村岡宿（埼玉県熊谷市）・長井の渡（埼玉県熊谷市・群馬県太田市間）・新田庄（群馬県太田市）・足利庄（栃木県足利市）・佐野庄（同佐野市）を経由して小山へと向かうものだった。つまり鎌倉街道上道とその支線が選択されていたのだった。初回の帰路が行きと同じ経路を使用していたことは、この街道の選択が単に軍事作戦上の問題ではなかったことを意味している。

さらにおもしろい事例がある。応永《おうえい》六年（一三九九）に西国で勃発した大内義弘の乱にさいして、鎌倉公方足利満兼《みつかね》は大内氏に与同するような動きを示した。具体的にはまず鎌倉から武蔵府中に向けて出陣した。その事情は『鎌倉大日記《おおにっき》』に端的に記載されているが、十一月二十一日に武蔵府中を発して下野国足利庄に向かった。そして翌年三月五日に鎌倉に帰還する。その間の動静は明らかにはならないが、西国での情勢を分析し、時機を見計らっていたのではなかろうか。

具体的な行動としては鎌倉と下野国足利庄間の鎌倉街道上道を往復しただけである。しかしどちら側に与《くみ》するにせよ、鎌倉街道上道の往復という行動が関東平野の把握と関連したことは推測できよう。

鎌倉公方と管領上杉氏との激突

鎌倉街道上道を舞台とする合戦は十五世紀になっても起こっている。上杉氏憲《うじのり》（禅秀）が鎌倉公方足利持氏《もちうじ》に背いた上杉禅秀の乱である。

関東管領山内《やまのうち》上杉憲基《のりもと》は、禅秀の乱勃発にさいして、一度は鎌倉を脱出する。その後、鎌倉を回復するべく、鎌倉街道上道を攻め上る。

その軍勢に従った武州北白旗《しらはた》一揆に属する別府尾張入道の代官だった田村勝久は、応永二十四年（一四一七）正月二日に庁鼻和《こばなわ》御陣（埼玉県深谷市）、四日に村岡御陣（同熊谷市）、五日に高坂《たかさか》御陣（同東松山市）、六日に入間河御陣（同狭山市）、八日に久米河御陣（東京都東村山市）、九日に関戸御陣（同多摩市）、十日に飯田御陣（神奈川県横浜市戸塚区）、十一日に鎌倉と着実に南下した。武蔵国内で転戦していた武蔵国豊島郡の武士である豊島範泰も正月八日にまさに久米河でこの軍勢に合流しており、管領上杉憲基の軍勢は各地の武士を集めつつ、鎌倉街道上道を南下して鎌倉に向かったことがわかる。

関東管領上杉憲実《のりざね》と鎌倉公方足利持氏が激突した永享《えいきょう》の乱でも、鎌倉街道上道は舞台となっている。憲実討伐の軍を起こした持氏は、永享十年（一四三八）八月十五日に武蔵府中に向かい、同所で軍勢を集めた。そしてそのまま鎌倉街道上道を下り、上武国境の神流《かんな》川《がわ》に向かった。憲実が拠点とする上野国平井（群馬県藤岡市）は目前である。

関東地方における戦国時代到来を告げる享徳《きょうとく》の乱でも鎌倉街道上道の重要性は変わらない。鎌倉公方足利成氏《しげうじ》と管領上杉氏の対立が頂点を迎え、戦端はひらかれた。これにより足利成氏は本拠地を下総国古河に移し、合戦場は主に北関東となるが、緒戦においては南関東が舞台であった。

享徳三年（一四五四）十二月二十八日および翌享徳四年正月二十一日に武州立河で、翌二十二日には府中で合戦があった。足利成氏はこのときの合戦について多くの武士が府中近辺に競い来たったと述べている。その後、足利成氏は鎌倉街道上道を下り、村岡御陣（埼玉県熊谷市）で軍勢を調えて利根川を渡河する。やはり鎌倉街道上道が舞台となっているのである。

風雅の道筋？

鎌倉街道上道を通行する軍勢を年代にしたがって確認してきたが、上道を通行する人は当然ながら軍勢だけではない。旅人も通行している。

たとえば鎌倉御家人の塩谷朝業《しおのやともなり》である。朝業は十三世紀初頭の日記を残す下野国に本貫地をもつ人物である。その日記を『信生法師《しんしょう》日記』といい、東海道の旅・善光寺詣でなど文化的な内容の濃い紀行文である。なかには鎌倉街道上道を通過していることが確認できる記述も含まれている。

善光寺に向かう途上、武蔵野を通過して歌を三首ほど詠んでいる。

武蔵野の野をなつかしみ若草の草のゆかりに一夜寝《い》ぬべし

春だったのだろう。夜の武蔵野を通過したことが詠みこまれる。そしてその武蔵野とは鎌倉街道上道であったことは次の二首で明らかである。

昔のみ堀兼の井の思ひでてもと見しよりも濡るる袖かな

歌枕にもなった堀兼の井（埼玉県狭山市）を見て、昔を思い出して涙したと歌にしている。鎌倉時代、堀兼の井は上道の途上にあった。

家を出てまことの道に入間川流るる水の心ともがな

仏道に入ったみずからの気持ちを入間川の流れになぞらえようと詠んでいる。堀兼の先はまさに入間川である。おおよそ久米川から狭山にいたる鎌倉街道上道で朝業はこの三首を日記に記している。

鎌倉街道上道に関する記述は日記のほぼ終わり近くにもある。鎌倉から故郷塩谷（栃木県矢板市）に帰るときの記載である。途中、「武蔵野」を通過している。

武蔵野の野中にたてる女郎花《おみなえし》妻こもれりと人やみるらむ

旅立ちのため妻を愛しんだのであろうか、女郎花を見てセンチメンタルになった歌であるが、この歌を武蔵野で詠んでいる。先に武蔵野の歌があることを踏まえると、これも鎌倉街道上道の途上であろう。

故郷は下野国塩谷である。現代的な感覚では鎌倉街道中道がより距離が短いことから選択すべき道であろう。しかし、この帰郷への旅でも鎌倉街道上道を下っている。おそらくはここから村岡を経て、長井の渡で利根川を越え、上野国新田・下野国足利そして佐野を経て帰ったのであろう。ずいぶんと遠回りということになる。あるいは朝業は鎌倉街道中道の詳細を知らず、経験のある上道を選択したのだろうか。

ほかにも紀行文はある。連歌師宗長《そうちょう》の『東路のつと』である。駿河国丸子《まりこ》に住居を定めていた連歌師宗長は、永正六年（一五〇九）七月十六日、白河の関を訪ねる旅に出る。東海道を相模国にはいった宗長は、藤沢（神奈川県藤沢市）から勝沼（東京都青梅市）を経て、鉢形（埼玉県寄居町）・長井の渡・新田庄岩松（群馬県太田市）・足利（以下栃木県）・佐野・壬《み》生《ぶ》・鹿沼と歩を進める。帰路もおおよそ同じ道筋をたどり、宇都宮・壬生・大平・佐野・足利・新田庄を経て草津に立ち寄る。文人の風雅を訪ねての旅であるので、遠回りの道筋を選んだ可能性はあるが、鎌倉街道上道の支線がまたも選択されているのである。

武蔵府中の政治的意味

本節では鎌倉時代末期から戦国時代初頭までの鎌倉街道上道を概観してきたが、いくつかの大事な点が指摘できるのではなかろうか。

まずは鎌倉街道上道がつねに政治的舞台となっていたことである。あらゆる政治的局面において同街道にて合戦がおこなわれ、そしてあたかもパレードのように軍勢が進んだ。この街道をどの程度まで制圧することができたか、このことはそのときの事態の帰趨《きすう》にかかっていたのであろう。ゆえに、いつのときも同街道が政治的・軍事的な舞台となった。

鎌倉の為政者にとってはシナリオのごとくの鎌倉街道の行軍が重要なことだった。いきおい、つねに陣所となる府中・久米河・入間河・高坂・村岡についてはなんらかの施設があったことが予測されている。鎌倉街道上道が政治的な象徴の場としての性格を帯びていたことをうかがわせる。

そして、いま一点注目したいのは、武蔵府中の政治的意味である。同所がたびたび鎌倉公方発向の起点になっていた。小山義政の乱・大内義弘の乱・享徳の乱のさいには武蔵府中が起点となっていた。小山義政の乱のときは、各所の武士が武蔵府中に参集し、乱後には同所で解散している。鎌倉公方の軍事的な重要拠点だった。

加えて、「鎌倉年中行事」(日本庶民生活史料集成　第二三巻　年中行事)では、「一、公方様御発向ノ事」と題して、鎌倉を発した後、武蔵府中で初めて甲冑を身につけるという儀礼があったことを記載している。府中が鎌倉府の軍事的な基地とでも言いうるような場であり、この地に鎌倉公方が陣することは権威の誇示の意味があったと考えられる。

武蔵府中は鎌倉街道上道の一地点であり、有力武将の本拠というような場所ではない。ここから街道を下った事例が多いこと、鎌倉公方が軍事的な基点として位置づけていること、そして儀礼の存在を踏まえたとき、武蔵府中の政治的な意味の大きさがあらためて確認できる。必然的に同所より下る鎌倉街道上道は重要な街道に位置づけられることになる。

しかし、この武蔵府中の優位性は享徳の乱を境に急激に減じていく。戦国時代を迎えると武蔵府中は政治的に登場することはなくなる。とするならば鎌倉街道上道もその存在意義を低下させたのではなかろうか。その点は、またのちに考えることにしよう。

2 河川交通と陸上交通の結びつき

鎌倉街道中道の実態

南関東と下野国を結ぶ街道は一般に鎌倉街道中道と考えられている。鎌倉幕府は高野川（古利根川）の渡河点（埼玉県杉戸町）に橋をかけるなどの整備をおこなっていた。戦国時代であっても中道の途中にある岩槻（さいたま市岩槻区）は戦国大名北条家の重要拠点であり、江戸・岩槻間の頻繁な交通も確認することができる。まさに関東平野の中央部を走る街道であった。

先に確認したように鎌倉街道上道の地位の高さは明らかだった。中道の岩槻から古河にいたる間は、街道整備の痕跡はうかがえるが、確実な史料での通行の確認は上道に比べると比較にならないほどにできない。逆に利根川を上野国東南部と武蔵国北部のあいだで渡河し、新田庄から岩船へと進む鎌倉街道上道の分岐線が頻繁に使われていたことは明らかにできる。

いささか不思議に思えるが、史料に見える南関東から下野方面を結ぶ幹線は、確実に鎌倉街道上道であった。したがって、鎌倉街道上道の村岡（埼玉県熊谷市）から下野国にいたる支線は、単なる支線程度ではなく、関東平野を南北に貫く大動脈ということになる。戦国時代の僧が書いた記録である『松陰私語』においても、この街道のことを「本海道」と記載している。どうやら鎌倉街道中道は地図で見るほどには利便がよくなかったらしい。

応永二年（一三九五）、小山義政の遺児若犬丸は再起を賭けて奥州田村（福島県郡山市）で旗を挙げる。その追討軍は翌応永三年（一三九六）二月に鎌倉を発して武州府中から村岡にいたる。ここでも奥州に向かうにもかかわらず中道が選択されず、上道が選択されている。

問題はじつはここからの道筋である。次に記載される地点は中道の古河御陣であった。つまり村岡から荒川を越えた場所で平野を東に移動し、古河の渡を経て古河にいたる。このような幹線道路が存在したことを示唆している。岩槻から古河にいたるあいだの通行事例の確認ができないことと呼応しているかのごとくである。

やはりネックは利根川

ではなぜこの現象が起きたのであろうか。それは利根川の渡河点と関係する。

第二章で述べたことであるが、関東平野において、利根川のような大河川の渡河は容易ではなかった。利根川の渡河点を史料でいまいちど確認してみよう。

東から順に長井の渡・中渡・堀口の渡瀬・福嶋橋・佐野の舟橋が渡河点となる。いずれも鎌倉街道上道に関連する渡河点である。このうち、長井の渡は下野国方面に至るもっとも著名な渡河点で、北には戦国時代に由良氏が拠点とした金山城が立地する。また中渡は中瀬の渡（群馬県太田市・埼玉県深谷市間）にあたると考えられ、新田庄内の中心地である世《せ》良《ら》田《た》宿が北にある。

これらの地点では船による渡河が基本的な方法となるが、上流に向かうと橋や瀬も見えるようになる。橋は舟橋であろうと推測されるが、舟橋は構造上、両岸を綱で結ぶことになるため、川幅が広いことを嫌う。そして、瀬の存在は歩いて渡れる程度の深さを意味する。つまり、利根川の川幅が狭まり、深さもそれほど深くなくなっているということになる。より安全に渡河できる場所がこのあたりということになろう。

また船による渡河は軍勢のような大軍の移動を嫌う。少人数しか運べない船による渡河は相当の準備をしないかぎり大勢をいっせいに渡すことはできないからである。北畠顕家軍や足利氏満軍がわざわざ鎌倉街道上道を選択して利根川を渡ったポイントはこの点にあったと考えられる。とくに遠征軍の北畠軍は歩行による渡河を選択せざるをえないいため、より上流の安保原付近まで利根川を上っている。軍勢が利根川の両岸を比較的容易に移動できる地点が、まさにこの付近だったためであろう。

戦国時代前半に古河公方にたいする関東管領上杉氏が武蔵国五十子《いかっこ》に陣所を据えた理由もまさにここにあったと考えられる。この付近を軍事的に把握することは、単に武蔵国・上野国間という問題ではなく、関東平野の南北を押さえることにもつながる。

しかし河川は増水することもあり、つねに同じ川幅や深さではない。瀬のみで渡船の運航ができないと、水深が深くなったときには渡れない場合もある。日常的には船による渡河も重要であることはもちろんである。瀬（もしくは舟橋）と渡船がセットである渡河点が交通のうえでは重要ということになる。また支線の存在からより上流の渡河点へと選択肢が広がる上道は、一本筋しか街道を確保できなかった中道に比べて効率がよかったことになる。

このように考えると、利根川の長井の渡より上流の渡河点は、比較的安全性もあり、かつ渡河方法も多様で季節変化にも対応可能な渡河地帯ということができる。

利便性の高い道筋となりえず

これにたいして中道の渡河点は船渡が基本であることから、大勢の移動には向かない。

加えて渡良瀬川水系・思川水系による水量増加も影響している。川幅も広がり、水量増減の影響を受けやすい渡河点となる。なによりも歩いて渡ることができなくなる。橋の維持が困難になる。勢い渡河方法は船によることが多くなる。橋も舟橋が多くなるだろうが、船を浮かべ、綱を張るという構造であるから中下流であれば河川交通の障害となることは避けられない。

中道には途中に高野の渡と古河の渡という二つの渡河点があった。まさに中流域の渡河であり、主体は渡船によるものであろう。鎌倉幕府はそのような背景をもって街道のもつ限界を克服するべく橋の建設を推進したのであろう。しかし幕府が推進した橋も、その利用は確認できない。おそらくは継続的な維持が困難だったのだろう。

鎌倉街道中道は計画され、鎌倉幕府により橋も建設が模索され、街道としての整備が計られた。しかし結果として橋の維持が確認できないように、利便性の高い道筋とはならなかった。街道のもつ地理的条件がそれを困難にしたのだろう。

永禄十年（一五六七）ころであるが、一時的に北条氏と佐竹氏が同盟関係となる。佐竹氏は使者を小田原に派遣する。調整を終えた使者佐竹宗誉は常陸国太田に帰ることになり、北条家から伝馬の利用を認められる。

伝馬手形にあて先として示された経路は、小田原より上州館林を通過して常陸国までとある。この当時、上野国赤岩（群馬県千代田町）と武蔵国酒巻（埼玉県行田市）を結ぶ渡船が活発であり、北条家はしばしばこの付近を渡河して下野方面に侵攻していた。大きくは鎌倉街道上道の経路に近い。地図上で考えて常陸太田に帰るならば、中道もしくは下道の経路で帰ることが選択されるべきであろう。しかし、じっさいは異なっていた。その背景にある原因は、やはり利根川渡河点の問題なのであろう。

鎌倉街道下道と江戸

鎌倉街道下道は江戸を通過していたと多くの論者が説いている。しかしその道の詳細について具体的に論じられることがなかった。

むろん、江戸時代に大きな開発があったために痕跡を探ることすらむずかしいことは確かである。しかしまったく痕跡はないのだろうか。

中近世移行期の江戸の空間について、玉井哲雄の興味深い研究がある。玉井は沽《こ》券《けん》図の分析から、江戸時代の主要街道である南北方向の日本橋通りよりも、東西方向の本町《ほんちょう》通りのほうが古く主要な街路であったと論じている。

さらに寛永期の江戸の様相を示した「武州豊島郡江戸庄図」の分析から、この正方形の街区を特徴とする町割りは徳川家康が関東に入部した天正十八年（一五九〇）以降、征夷大将軍の宣下を受ける慶長八年（一六〇三）以前におこなわれたと主張する。そして先行する中世江戸城から浅草に抜ける原本町《げん》通り沿いに町場があり、その存在に規定されて町割りがおこなわれたと指摘しているのである。つまり、中世江戸城―本町通り―（常盤橋＝大橋）―浅草という街道があり、この街道に関連して中世から徳川家康時代までの江戸城は存在したことになる。

この見解を裏づけるような屏風がある。「江戸天下祭図屏風」という、山王祭《さんのうまつり》を描いた最古の屏風である。

屏風右隻の右端にある山王権現（現在の最高裁判所の地）から発した行列が、麴町門（半蔵門）をくぐって江戸城内にはいり、吹上の紀州徳川家邸北側、本丸北側を通過し、竹橋門を経て、左隻の左端で常盤橋門を出るさまを描いている。

画面には天守も描かれており、明らかに明暦の大火以前の景観である。祭礼の行列は江戸時代の町場である南北方向の日本橋通りではなく、東西方向の本町通りにつながる道を通行する。祭礼行列はハレの場を通行する。とするならば、この東西方向の道こそ、江戸の伝統的かつ主要な街道であると読めるのではなかろうか。

さらに中世文書からも重要な点が明らかになった。永禄十一年（一五六八）十二月、武田・今川・北条同盟が崩壊し、北条家は上杉謙信との同盟を模索する。同時に北条家は常総方面の守りを固める。その一環で北条氏政が下総小金領の高城《たかぎ》胤辰《たねとき》にたいして「江城大橋宿」に移るように命じる。「江城」（＝江戸城）が冠せられていることから、大橋宿は城下にあたる。

この大橋とは常盤橋の旧称である。すなわち大橋宿は常盤橋門付近にあった。常盤橋門の外は慶長期に町割りされた本町通りである。「大橋宿」が常盤橋門の内外どちらかは不明であるが、もし外側であるならば、まさに本町通りの街路そのものである。いずれにせよ本町通りに深く関連する町場であることはまちがいない。

「江戸天下祭図屏風」の与えるヒント

南北方向の街道は江戸時代の重要な街道である五街道の起点ともなり、広域的な重要性があった。ではそれ以前の東西道はどのような意味をもったのであろうか。東方向は浅草につながり、その先は隅田川を渡り房総方面にいたる。いわゆる鎌倉街道下道である。では西側はどうなるか。

そのヒントを先の「江戸天下祭図屏風」が与えてくれる。まずは祭礼の西端が麴町門（半蔵門）だった点である。

そもそも麴町の地名の由来は国府にいたる道＝コウジミチであるという説がある。国府

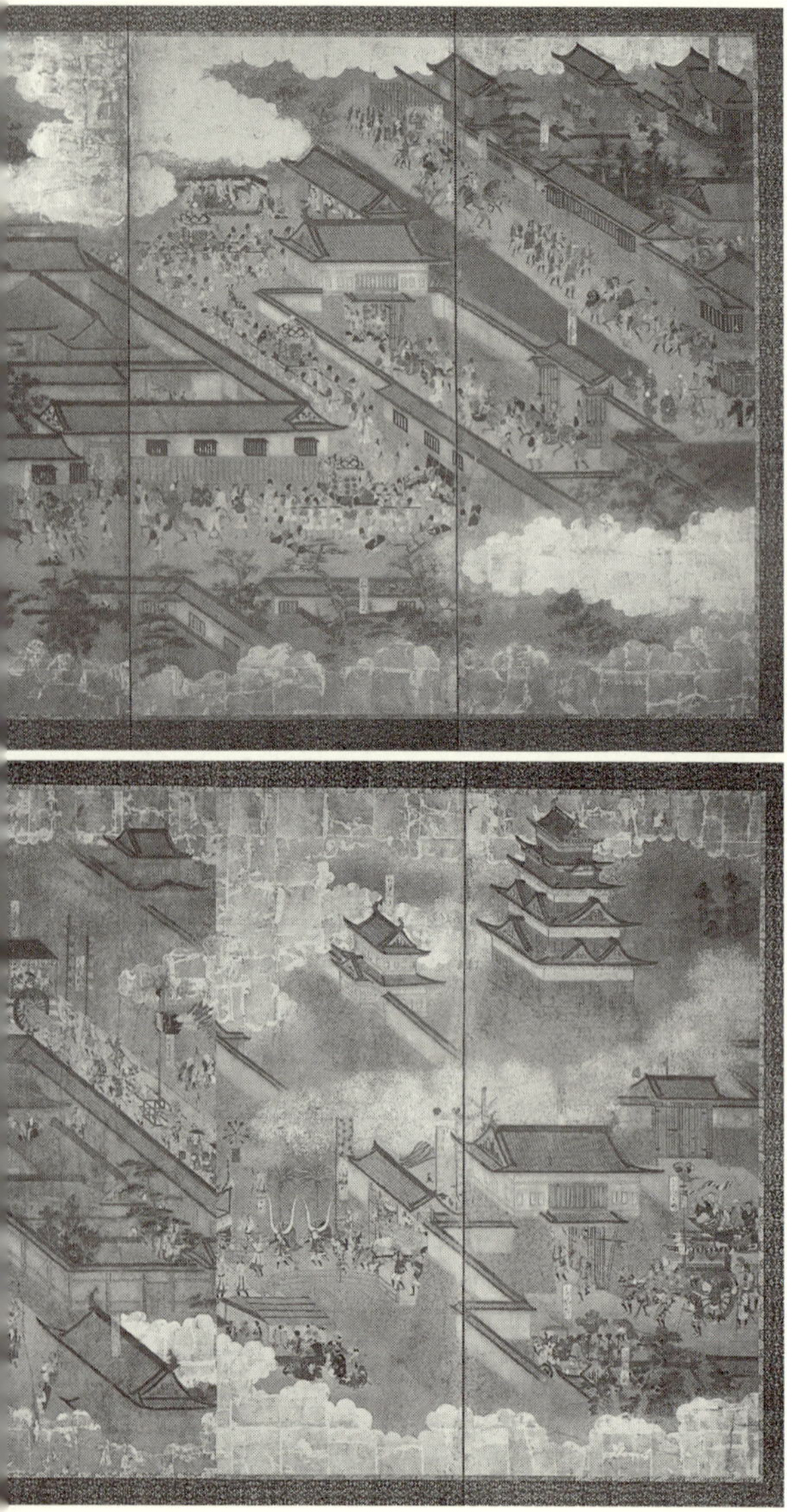

「江戸天下祭図屏風」（江戸前期　個人蔵）
山王祭を描いた最古の作品である。

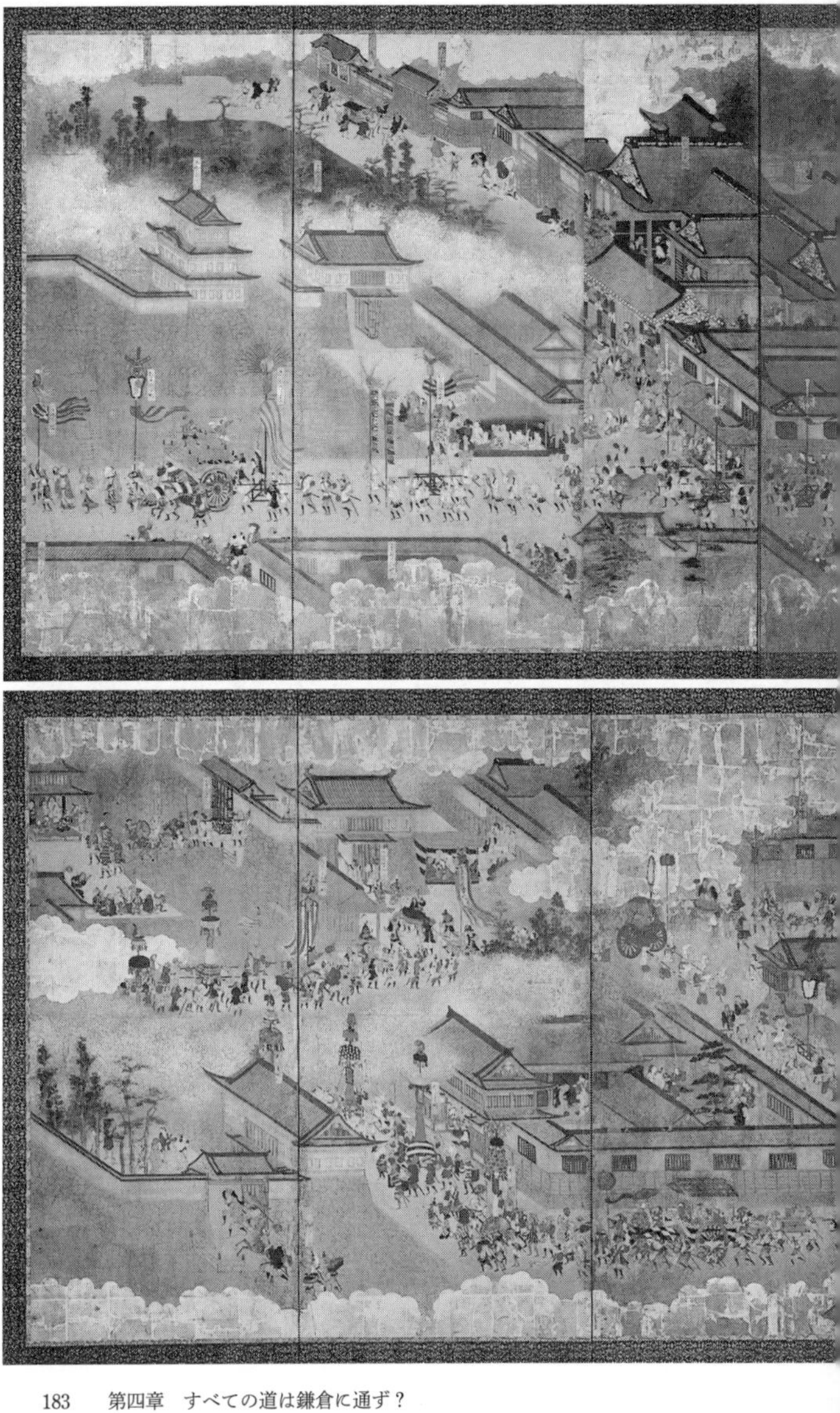

は「コウ」と発音された例が多い。現在の麴町も新宿通り（甲州街道）沿いに細長く続く。その説を重視すれば麴町門（半蔵門）からは武蔵府中につながっていたことになる。詳細は省くが、赤坂門を経る青山通りとの関係も考えねばならない。じつに青山は鎌倉街道中道の通過点である。半蔵門付近は中世の重要幹線の合流点であった。

青山から半蔵門にいたり、竹橋そして常盤橋を通過した街道は浅草にいたる。浅草の東側には隅田川が流れる。浅草は古代以来、武蔵国と下総国を結ぶ伝統的な渡河点である。すなわち、この街道は明らかに鎌倉街道下道であることになる。

この選地を軍事的に評すると、江戸城は武蔵国の東端にあり、地形的にも台地から低地に下るまさにその地にあり、常総方面の武蔵国の境界を抑える城として取り立てられていたことになる。江戸城は鎌倉街道下道さらには中道と密接に関連していたのだった。

交通の要所、関宿

浅草で隅田川を渡河した鎌倉街道下道は、その後は東京下町の低地を越え、下総国松戸にいたる。ここまでくれば河川の氾濫原《はんらんげん》からはひとまず解放される。

下総国の街道について、興味深い図に出会った。「下総之国図」（船橋市西図書館所蔵）である。地図の成立については研究が進められているが、地名・河川流路・郡境・拠点城館

「下総之国図」（船橋市西図書館蔵）

などから戦国時代の実態をかなり反映した絵図と評価されている。

この図にも江戸から浅草で隅田川を渡る鎌倉街道下道が描かれていた。利根川河口のデルタ地帯を葛西そして金町で渡河し、松戸にいたる。そこからは二本に分岐して、一方は川沿いに市川方面に南下するが、いま一本は戦国時代の高城氏の拠点である小金城にいたる。小金から先は幾筋にも分岐しており、いかに小金がこの付近の中心都市であったかがよく示されている。興味深かったのは、このうちの二本の道が下総国の輪郭に沿って北端の関宿《せきやど》に向かっていることである。

関宿は中世の河川交通の要所であることが知られている。霞ケ浦を経て銚子にいたり、その先の太平洋海運と結びついている。また議論があるが旧利根川流路で東京湾ともつながっており、利根川水系と常陸川水系の結節点であるという。かりに直接に水路でつながっていなかったとしても、両水系は近接する場所であり、河川交通の要所であることはまちがいない。北条氏康が関宿城について「一国を取ることに匹敵する」と評価したことがあった。それほどの重要性がこの関宿にあったのであるが、その真意は両水系が接続する地であったことによるとされていた。

話は転じて、栃木県小山市の金山遺跡の話題である。小山市東野田に所在する金山遺跡は、新国道四号線の建設にともない発掘調査された遺跡である。

国道建設のため調査された範囲は細長く、Ⅰ区からⅪ区にまでわかれた。そのうちのⅡ・Ⅲ・Ⅶ・Ⅷ区で中世の街道が検出された。付近にはこの街道について以前から鎌倉街道の伝承があり、調査にさいしても街道の存在が想定されていた。結果はその伝承どおりに街道が検出されたのである。

検出された街道は道の両側に側溝があった。側溝外側までの道幅は三・四〜五・四メートル。東側の側溝は三条ほど存在することから、数度の道普請がおこなわれたことがわかった。

道そのものから出土した遺物は少ないものの、周辺では中世後半の水田をともなう集落が検出されている。中世の遺物については青磁鎬蓮弁文《せいじしのぎれんべんもん》碗が見られるが、調査面積に比して出土量は多くはない。十四世紀前半にはすでに街道の設定があったと考えておきたい。

しかし問題は鎌倉街道という伝承が存在することである。地図上で道の延長を確認したところ、北に進めば下野国小山にいたった。周辺の中心地であるので当然であろう。小山を通過する鎌倉街道は中道であるが、この道は小山と古河に結ぶため、発掘された道は街道筋を大きく異にする。鎌倉街道中道は金山遺跡を通過しない。いわゆる古い道の代名詞として鎌倉街道の呼称が使用されたのかと思われた。ところが南方向を確認すると、じつに関宿の対岸にいたるのである。関宿で渡河すれば、先の鎌倉街道下道の支線に接続することになる。

後北条氏の時代には

鎌倉街道中道は鎌倉幕府が街道の維持について、架橋を指示するなど関与した形跡が強い。しかし、武蔵国北東部の岩槻から古河にいたるまでの区間を利用したことを示す資料は乏しい。利用頻度はきわめて低い街道である。

おそらく利根川ほかの河川のさまざまな条件が鎌倉街道中道の利用を阻んだと予想される。鎌倉幕府の政策の方向性とは異なり、中世では実用的とはなりえなかった。むしろ古河周辺は河川水運の拠点であった可能性が指摘されている。そこで陸上交通としては小山から関宿を結ぶ街道の重要性が高まっていたのではなかろうか。

たとえば天正二年（一五七四）に関宿城が北条氏に開城される直前には、北条家が関宿の渡の通行を厳しく管理しており、岩槻と関宿を結ぶ街道が存在したと考えられる。下総国結城攻めをおこなっていた天正三年ごろには関宿に舟橋を架けている。これらは戦国大名北条氏が関宿の陸上交通を重視していたことと関連する。

また北条氏による関宿城攻めの史料を見ていると、岩槻城との関係を多く見ることができる。とするならば関宿は鎌倉街道下道のみならず中道をも引き寄せていたことになる。

そして岩槻から古河にいたる鎌倉街道中道が難路であったとすると、関宿の陸上交通における重要性が浮かび上がってくる。

北条氏康が関宿を評して「一国を取ることに匹敵する」と語った背景とは、河川交通の結節点であるのみならず陸上交通までもが結びつくという重要性に着目したからにほかならないのであろう。

3　鎌倉の地位低下、江戸の台頭

二つの遺跡

鎌倉街道上道の優位性など鎌倉街道を概観してきた。ところで、この街道は中世を通じて存在していた——このように考えられているのではなかろうか。学問的にもである。

そのさいの根拠になっていたのが、天正十年十二月九日付けの北条家伝馬掟書（群馬県史三二〇二）である。冒頭の一箇条目に須賀谷（埼玉県嵐山町）—奈良梨（埼玉県小川町）—高見（同）へという街道が存在することがわかり、同街道が鎌倉街道上道であることから、このように考えられてきたのであろう。

文献資料は通行の断片を語るものであり、街道利用の継続性という面では複数の史料を組み合わせなければならない。史料の残存に左右されることになるのであるが、方法を変えて考古学的にはどのように見えるのだろうか。近年、鎌倉街道上道に関する考古学成果が公表されている。とりわけ次の二ヵ所の遺跡はとても興味深い。

ひとつは赤浜天神沢遺跡である。埼玉県寄居町大字赤浜にある遺跡で、鎌倉街道上道の塚田宿に関連すると推測されている。

街道は荒川に下る斜面地を掘りこみ、幅約六メートルの堀割状の窪地となって五〇〇メートルほど残っており、その一角が調査された。検出された道は一部で両側に側溝をもち、道幅が五〜六メートルと報告されている。報告者は「あえてもう少し年代を絞ろうとすれば、十三世紀後半から十五世紀前半に位置づけられる可能性があるかもしれない」と慎重に述べている。

年代の比定は多少のズレをともなうとしても、起源および終末とともに重要である。起源を十三世紀後半としたことは、この地点の鎌倉街道が鎌倉幕府当初からのものではないことを示唆している。また、廃絶の年代はじつに戦国時代にいたっていない。ともに注意をはらうべき見解であろう。

もうひとつは埼玉県毛呂山町にある堂山下遺跡である。この遺跡地は鎌倉街道上道苦林宿の一角に比定されている。遺跡の中央部分に鎌倉街道と伝承された道が通過し、その伝承どおりに道路の遺構が検出された。

加えて街道に沿って妻《つま》をならべて建ち並ぶ建物群の様相が確認された。また街道沿いの背後には領主屋敷を想像させる方形の大きな区画が存在していた。出土した遺物から遺跡の存続した年代は十三世紀前半から十五世紀後半と思われるが、起源はややさかのぼる可能性もある。

検出された道路は、四メートル前後の道幅と推定され、道路の西側からは側溝が検出された。調査はされていないが、おそらく東側にも存在したであろう。

いずれも鎌倉街道は中世の全時代をおおっていない。前半の問題はとりあえず置いておくとして、終末期を問題にしたい。赤浜天神沢遺跡は十五世紀前半が、堂山下遺跡は十五世紀後半が終末期と考えた。同じ道筋の二ヵ所であるので、鎌倉街道上道はより終末が遅いほうを採用して、十五世紀後半に終わった可能性が出てくる。時代は北条早雲が登場するころである。

鉢形城の構造を読み解けば……

両遺跡付近にはこの時代の中心地として鉢形城（埼玉県寄居町）がある。近年、遺跡整備にともない発掘調査が実施され、十五世紀後半から存在したことが考古学的にも確認された。すでに文献資料で山内《やまのうち》上杉氏の拠点であるとされ、十五世紀後半には機能していたという点が明らかであったが、そのことが考古学的にも裏づけられた。

戦国時代にこの地域の中心的な城館であった鉢形城から、街道についてはどのようなことが言えるであろうか。

そもそも鉢形城は鎌倉街道上道から離れた位置にある。領国の重要支城がその時点での幹線道路と隔絶した位置に存在することはありえない。このことをどのように考えたらよいのであろうか。

鉢形城の構造を読み解いてみよう。城は大手を南に構え、その城外は立原小路・下小路へと連なる。その先は、南へ安戸《やすど》・小川方面へといたる。現在の県道坂本・寄居線の道筋である。

この道筋を鉢形城へといたる道は、城内の連雀小路・真小路・殿原小路・内宿を通り、下船渡・立ケ瀬で荒川を渡河し、児玉方面へと続く。鉢形城はこの街道と空間的な関係をもって設計されていたことはまちがいない。そして鎌倉街道上道とのアクセスは城の東北、搦手《からめて》の方向にあたる。また南の北条氏の本拠地である小田原方向については、鎌倉街道にはつながりえない道筋となっている。すなわち鉢形城と街道との関係において、鎌倉

鉢形城周辺図

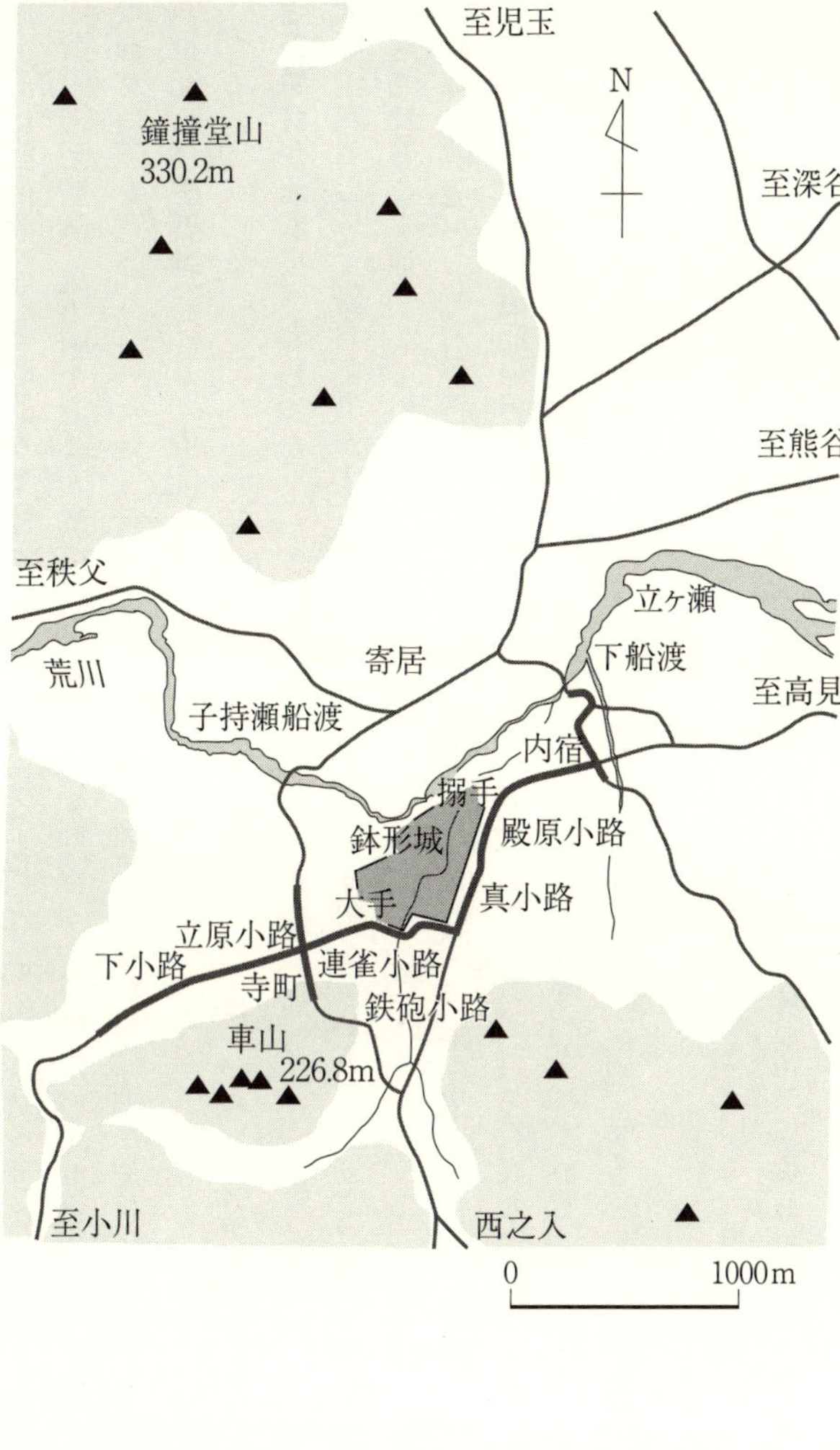
至児玉
N
至深谷
鐘撞堂山
330.2m
至熊谷
至秩父
立ヶ瀬
下船渡
荒川
寄居
至高見
子持瀬船渡
内宿
搦手
鉢形城
殿原小路
大手
真小路
立原小路
下小路
連雀小路
寺町
鉄砲小路
車山
226.8m
至小川
西之入
0
1000m

街道上道は都市設計の基底的な条件となっていないことになる。

赤浜天神沢遺跡・堂山下遺跡ともに十五世紀が終末期だった。時代の中心都市である鉢形は鎌倉街道を意識していない。このことから比企を通過する鎌倉街道上道は少なくとも十六世紀には主要幹線として機能していないことになる。

政治の舞台が北関東へと移った

武蔵国内において鎌倉街道が十五世紀後半ころに終末を迎えていたとすると、当該期の幹線道路はどこを通過していたのであろうか。

鉢形城の構造から、大手筋の南続きは安戸（埼玉県東秩父村）・小川（埼玉県小川町）を経ると考えられる。この道筋沿いには小規模ながらしっかりした山城が群で存在している。これらは近年の発掘調査などにより十六世紀の城館であることも確認されている。

小川を経た後、地理から考えて街道は現在のＪＲ八高線に沿って南下する。その点を考えさせるのは毛呂の位置である。

毛呂は大永四年（一五二四）に北条氏と山内上杉氏との争奪の場となっており、政治的に重要な地であった。四月十日付けで相模国当麻《たいま》宿（神奈川県相模原市）に出された制札ではこの毛呂が伝馬の目的地となっている。当麻と毛呂が街道で結ばれていることを示している。

毛呂より南は勝沼（東京都青梅市）・八王子を通過する。そもそも、鉢形城・滝山城・八王子城は戦国大名北条氏の有力支城である。これらの城・都市は小田原と当時としては最短で結ばれていたはずであろう。その道が戦国時代の主要幹線であり、鎌倉街道上道ではないのである。

鉢形・毛呂・勝沼・八王子・当麻を経る関東山地東山麓を南北に走る街道が存在し、戦国時代には政治的に重要な街道となっていた。現在の八高線から相模線に続く鉄道路線に近い道筋である。鉢形城を本拠とした関東管領山内上杉氏もこの街道を重視しており、しばしば使用している。

すなわち、享徳の乱の開始にともない鎌倉公方であった足利成氏はその拠点を古河に移し、関東管領山内上杉氏も北武蔵・上野国を中心に活動するようになる。政治の舞台が北関東へと移ったのである。それに反比例して鎌倉の地位は低下する。鎌倉の政治的位置の低下は、交通の要となる鎌倉街道に機能の低下をもたらす。そして逆に戦国時代に代表的な城館が構えられて新たな拠点となった江戸・河越・鉢形・松山・八王子、さらには小田原などの地位が上昇することになる。そしてこれらの拠点を結ぶ街道が新たに設定されることになる。

注意しておきたい点がひとつある。鉢形から当麻を結ぶ街道が渡河する地点は、ほとんどが上流にあたることである。強いていえば、当麻の地が相模川中流域に属するのであるが、あとは中下流域にあたっていない。多くの軍勢をより早く進めるための、戦国時代らしい選択といえるかもしれない。

相模では中央部の拠点の変遷が激しい

戦国時代となり、関東平野内の基幹陸上交通路はどのようになったのか。この点を解明するために政治的拠点を確認することがヒントになる。転換期の状況をより明らかにするため、戦国時代前半に南関東で勢力を誇った扇谷上杉氏の拠点城館を文献資料から確認してみたい。その作業で抽出される都市は以下のようである。

【相模国】
糟屋《かすや》（神奈川県伊勢原市）／七沢（神奈川県厚木市）／大庭《おおば》（神奈川県藤沢市）／実《さな》（真）田《だ》（神奈川県平塚市）／岡崎（神奈川県平塚市・伊勢原市）

【武蔵国】
権現山（神奈川県横浜市）／茅ケ崎城（神奈川県横浜市）／江戸（東京都千代田区）／稲付《いなつけ》（東

京都北区）／中野（東京都中野区）／椚田《くぬぎた》（東京都八王子市）／河越（埼玉県川越市）／松山（埼玉県吉見町）

江戸や河越はともかく、およそ聞き慣れない地名が並んでいるのではなかろうか。それは、これらの多くが戦国時代後半そして江戸時代を経るなかで淘汰《とうた》され、隣接地へと拠点が移動したためにほかならない。

以下、わずかながら様相を確認してみよう。

まずは相模国である。

①糟屋　扇谷上杉氏の本拠として名高い地である。太田道灌が暗殺された地としても著名である。扇谷上杉氏は相模国守護であり、いわばこの糟屋が相模国守護所の場所となる。ただし、現状では具体的な場所が確認されるにいたっていない。

②七沢　七沢は糟屋の北方の谷間に所在する。七沢を通る道は宮ケ瀬から津久井方面にいたる。甲斐国から相模国にいたる道で、平野部に達する直前に位置している。戦国時代には扇谷上杉家の分家が拠点としている。開発のため多くが失われてしまったが、関連する山城が残されている。

③大庭　広大な面積を城域とする大庭城は、公園として親しまれている。扇谷上杉氏の相模国東部の拠点であった。のちの北条氏の時代には機能せず玉縄城（神奈川県鎌倉市）に拠点が移っている。

④実（真）田　十五世紀末から十六世紀初頭にかけて実田城は扇谷上杉家重臣の上田氏の拠点だった。

⑤岡崎　扇谷上杉家の重臣であった三浦《みうら》氏が関連する地。永正九年（一五一二）に扇谷上杉氏に敵対した伊勢宗瑞《いせそうずい》（北条早雲）が岡崎城を攻め城主三浦道寸《どうすん》は新井《あらい》城（神奈川県三浦市）に拠点を移した。

相模国内は中央部の拠点の変遷が激しい。糟屋・七沢・実田・岡崎などと比較的近い空間のなかで頻繁に中心地が移っていることが確認できる。

所領の変遷や対外的な関係が背後にあることは明らかであるが、鎌倉街道上道との関連で見たさい、同街道を意識しない地点に拠点が設定されていることに気づく。そしてこれらは足柄峠からの矢倉沢《やぐらさわ》往還が近くを通過しており、同街道との関連が問題とされることになる。扇谷上杉氏の相模国領国では鎌倉街道上道を基本としない、異なった交通体系が構築されていたことを予想させる。

戦国期街道要図

宇都宮
松井田
烏川
板鼻
和田
倉賀野
藤岡
五十子
世良田
太田
足利
春日
児玉
結城
小山
碓氷川
鏑川
山名
本庄
長井
館林
至水戸
石岡
平井
深谷
古河
塚田
村岡
忍
鮎川
身馴川
荒川
栗橋
関宿
畠山
神流川
鉢形
須賀谷
松山
土浦
奈良梨
高野渡
吉見
笛吹峠
高坂
岩槻
利根川
岩淵（稲付）
毛呂
入間川
竜ヶ崎
川越
小金
飯能
蕨
松戸
勝沼
多摩川
葛西
膝折
国府台
由井
中野
神戸
府中
椚田
相模川
江戸
隅田
関戸
品川
浅草
千葉
古市場
七沢
丹沢山
糟屋
茅ヶ崎城
当麻
総社
権現山
竹ノ下
河村
松田
岡崎
戸塚
大船
懐島
大庭
根形
関下
実田（平塚）
木更津
六浦
烏田
高倉
鎌倉
曾我
足柄峠
貞元
藤沢
片瀬
湯本
小田原
酒匂
大磯
衣笠
浦賀
湊
箱根峠
村岡

武蔵の重要拠点はいずれも鎌倉街道上道から離れている

続いて武蔵国を確認してみよう。

①権現山　永正七年（一五一〇）、上田蔵人入道は、伊勢宗瑞の誘いに乗り、扇谷上杉氏を見かぎって、権現山城で蜂起した。この上田氏は実田の上田氏と同族で、扇谷上杉家では重きを置かれた人物と考えられている。地理的にも権現山城は江戸城の南を固める位置にあり、扇谷上杉氏の重要拠点であった。

権現山城の立地は江戸時代の東海道にも面しており、江戸と大庭をつなぐ街道の要衝であった。

②茅ケ崎城　従前は北条氏の城館であると評価されていた茅ケ崎城が一九九〇年以降数次にわたって調査され、十五世紀後半には最大規模に構築され、相模・南武蔵を支配する扇谷上杉氏の中継地点であった、という結論を導き出している。

同城の北側に沿う道は神奈川から荏田《えだ》（横浜市青葉区）に通じる主要街道であり、この街道を東に一キロメートルで矢倉沢往還に接続する。同街道は足柄峠から糟屋付近を経て江戸に到る街道であり、茅ケ崎城は糟屋・江戸のほぼ中間に位置する。

③江戸　享徳四年（一四五五）三月、足利成氏は下総国古河（茨城県古河市）を拠点とする。これにともない扇谷上杉家は河越と江戸の両城を取り立てる。江戸の取り立ては長禄元年（一四五七）であった。

長享の乱の結末により、扇谷上杉朝良《ともよし》は家督および河越城を朝興《ともおき》に譲り、みずからは法名を建芳と称して、江戸城に隠居した。しかし実権は掌握したままであり、以後は江戸城が扇谷上杉領国の実質的な拠点となっている。

④稲付　長享の乱の最中、扇谷上杉氏は山内上杉氏の南下に備えて、松山城（埼玉県吉見町）と並び稲付城を防衛拠点としていた。荒川を前面に控えた交通上の要地にあった。城館の東側には鎌倉街道が通過していたとされており、北に向かい岩付（岩槻）にいたる。

⑤中野　永正二年（一五〇五）に抗争中であった山内・扇谷両上杉家が和睦する。その交渉をおこなった場所が「中野陣」であった。近年、城山居館遺跡で中世城館が確認されており、この地点が「中野陣」であったと考えられる。政治的な会談がおこなわれ、城館が存在したのであるから、当然ながら街道が想定されねばなるまい。考えられるのは近世甲州街道に先行する国府路であろう。

⑥椚田　高尾山の麓に椚田城（東京都八王子市）という山城がある。この山城は扇谷上

杉氏に与《くみ》する長井氏の拠点であった。この椚田城は北条早雲の攻略を受け、永正年間に廃城となった。その後、地域の拠点は北方の八王子市下恩方《しもおんがた》を中心とした由井に移っていた。

東京都域西部の扇谷上杉氏の拠点が鎌倉街道上道から西に隔たった椚田であった。先にも述べたように、この付近には北条家が重視する街道が当麻（神奈川県相模原市）から北に走っている。扇谷上杉氏の段階ですでにこの街道を重視していたと考えられる。

⑦河越　河越城は扇谷上杉氏の本拠とされる城館で、同城の取り立てとともに、扇谷上杉持朝《もちとも》は本拠を相模国から河越に移し、扇谷上杉家の当主は「河越殿」と呼称される。以後、天文六年（一五三七）までの八十年間、扇谷上杉家下の影響下にあった。

⑧松山　扇谷上杉氏の重臣上田氏の拠点として著名。しかし、いつの時点で上田氏が松山城と関連をもつようになったかなど、詳細は不明である。松山城は荒川に沿った江戸・河越の延長線上に位置し、扇谷上杉氏の北の拠点であった。

河越と江戸は扇谷上杉氏のきわめて重要な拠点であるが、この両地はいずれも鎌倉街道上道からは離れた地点にある。そして、南武蔵を見るかぎり、矢倉沢往還や江戸から権現山・大庭と結ぶ街道が重要幹線であったことがうかがえる。江戸と河越を結ぶ川越街道も当然のことながら想定しなければならない。

扇谷上杉氏の段階の武蔵・相模両国には、江戸を中央に据えて松山と足柄峠を両端に配する弧状の交通体系が整えられていた。政治的・軍事的関係から拠点が決められ、それにともなって幹線道路が変更された。政治情勢の変化が交通体系を変更した。このように考えられるのではなかろうか。

歌枕としての江戸

では、扇谷上杉氏段階の江戸はいかなる様相であったか。この点について概観し、江戸の重要性を確認してみたい。

中世の浅草寺から橋場・隅田にいたる隅田川一帯は、水陸交通の要衝・軍事的な重要地点・経済的な要地として、都市的な様相の濃い地域だった。このことはつとに指摘されている。それだけに留まらず、『伊勢物語』ゆかりの地として、中世にあっても文化的に著名な場所であったらしい。

文明十八年（一四八六）、天台僧堯恵《ぎようえ》が隅田川を訪れた。堯恵は鳥越（台東区）に宿をとり、この地に半年ほど滞在している。遠く筑波山や武蔵野を愛《め》で、忍岡《しのぶがおか》・浅茅原《あさじがはら》・湯島を廻っている。また隅田川に船を浮かべて歌を詠んでいる。江戸の近郊行楽地を満喫する姿が浮かび上がる。

また聖護院門跡道興《どうこう》准后も堯恵と同じころ、関東各地を遍歴する途次に隅田川にやってきた。道興の下向は政治的な目的があったが、『廻国雑記』には隅田川付近のさまざまな場所を訪れたことが記載されている。浅草寺に参拝し、待乳山《まつちやま》や浅茅原で歌を詠み、隅田川では都鳥に思いをはせる。〝名所を訪ねる〟として忍岡・小石川・鳥越にも足をのばしている。

道興や堯恵の行動は、江戸近郊の名所が十五世紀後半には京都の人物にまで認知されていることを示している。江戸時代流行する行楽のスタイルは十五世紀後半にまでさかのぼらせることができる。

江戸城を訪れた人びと

浅草のある隅田川河口部にほど近い場所に江戸城は築かれる。完成後、城にはさまざまな人が訪問している。そのなかの代表的な人物が五山の禅僧であった万里集九である。

万里集九は文明十七年(一四八五)に初めて江戸城を訪問し、隅田川・筑波山・富士山などの景観を観賞し、江戸城やその周辺のようすを『梅花無尽蔵』に書き記している。

当時の江戸城には楼館が建てられていた。中心となる楼館を「静勝軒」といい、付属の楼館が二軒あり、それぞれ「泊船亭（江亭）」と「含雪斎」といった。太田道灌は静勝軒や泊船亭（江亭）に漢詩を掲げることを望み、万里集九や建仁寺の正宗龍統に依頼した。この詩文は「江戸城静勝軒詩序並江亭記等写」や『梅花無尽蔵』所載の「静勝軒銘詩并《ならびに》序」として伝えられている。詩文には江戸城やその周辺のみごとな景観があふれるばかりに盛りこまれている。当時の京都の文化人による漢詩の銘文が掲げられる楼閣が江戸城内に存在した。

そして、この静勝軒では文化的な集いもおこなわれていた。関東管領上杉家の家臣である木戸《きど》孝範《たかのり》は自撰歌集である「孝範集」のなかで、梅の盛りに歌会が催されたことを記載している。江戸城の歌会は何度かおこなわれたようで、文明六年（一四七四）六月十七日におこなわれた歌合が「武州江戸歌合」として知られる。この歌合には太田家一族のほか、木戸孝範、増上寺長老音誉《おんよ》ら十六名が参加していた。

このほかにも江戸を訪れる様相は確認できる。遠江国から繁田宗治という人物が、多年にわたって東国をまわり、江戸城に滞在した。連歌師として著名な飯尾《いいお》宗祇《そうぎ》は死の直前の文亀二年（一五〇二）に、その弟子の宗長は永正六年（一五〇九）に江戸城を訪れて、上杉建芳と連歌の会を催している。とくに宗長は旅の途中で江戸を起点として下総国浜野（千葉市）まで往復している。

北条氏の時代になっても江戸を訪れる人がいた。連歌師宗牧《そうぼく》は天文十三年（一五四四）九月に京を発ち、翌年三月四日に江戸城へ到着している。上総攻めの準備が進められる中、宗牧は江戸城内の櫓《やぐら》から周囲の景色を楽しんでいる。

このように十五世紀後半の江戸は文化的にも東国の重要な位置を担っていた。

家康以前、江戸はすでに都市だった

むろん江戸は文化的な求心地だけではなかった。

江戸城下の平川に架かる高橋付近では交易の場があった。平川の河口には大小の商船が高橋にまでやってきて停泊し、市をなしていた。そこには安房国からの米、常陸国からの茶、信濃国からの銅、北陸地方からの竹箭《ちくせん》、相模国の軍勢、和泉国からの珠・犀角・異香などの渡来品ほか、さまざまなものが集まっていた。関東各地の物産が運ばれるうえに、和泉国からもおそらくは太平洋海運を通じて珍しい物がもたらされていたことになろう。城下に町場が形成されていた事実が読みとれる。

すでに確認してきたように享徳の乱以前、南関東を縦断する第一の幹線は鎌倉から武蔵府中を通過する鎌倉街道上道であった。しかしこの道も鎌倉の衰退に比例し、通過の事例が見られなくなる。この動向に反比例するように、太田道灌期以降は江戸を基点に各方面に延びる街道が見られた。

後の時代であるが、江戸が北条氏の支城になってからは、江戸がターミナルとなって人や物資が動いていた。戦陣などにさいして江戸から岩槻・河越・勝沼（青梅）のほか、葛西・佐倉・小金・関宿などの房総方面へと人や物資が動いていった。このことは江戸を基点として街道が整備されていたことを示している。この街道整備は北条以前の扇谷上杉氏の時代にまでさかのぼることは確実である。

享徳の乱以後、交通体系が大きく変更された。太田道灌期以降、江戸は軍事的にはもちろんであるが、経済的・文化的にも重要な地となっていた。そして、隅田川界隈は名所としての地位が与えられていた。都市を構成する要素が享徳の乱の勃発・道灌の江戸城築城を起点として調えられていったのである。いうまでもないが、このことは江戸に幕府が置かれる準備となった。

一般に、徳川家康が関東に入国したとき、江戸は寂れた寒村であったといわれる。この逸話は後の時代につくられたもので、徳川家によって繁栄した江戸というイメージを高めるために、そのコントラストとして以前の江戸をきわめて寂しく描いたものである。いわば、東京オリンピックの後の時代から、それ以前の東京を見て、ギャップをより強く浮き上がらせるようなもので、五輪以前も以後も東京が都市であることに変わりはない。家康入国前の江戸は寂れた寒村であったというイメージはもはや修正されなければならないのである。

以上をもとに、戦国時代の街道を復元したのが一九九ページの図であった。鎌倉街道の図（一五七ページ）と比較すると鎌倉街道上道を主軸とした街道から、西側の山沿いの道と川越街道とその延長という二本の街道に交通体系が変化したことがわかる。

なぜこのように変化したのだろうか。そもそも、街道の変遷の大きな要因は、享徳の乱に端を発する関東政治地図の変化である。鎌倉の政治的地位の減退と中心拠点の分散化が大きな契機だった。

加えて山内・扇谷両上杉家の抗争は北武蔵の情勢を一気に不安定化させた。長享二年（一四八八）の須賀谷原の合戦および高見原の合戦はその代表的な原因である。

そしてこの戦乱の地域には数多くの城館が構えられた。戦国時代前半の北武蔵における戦乱が、鎌倉街道上道の機能を低下させ、代替の街道をその両側に創出せしめたことも考えておきたい。

むすびに

分岐点は十五世紀後半

関東平野西部を二股にわかれる鎌倉街道上道から、並行する二本の街道へ。この変化の分岐点が十五世紀後半ころにあった。

変遷の要因のひとつは、享徳の乱にともなう拠点の変更であった。鎌倉の地位低下。山内・扇谷両上杉氏による江戸・河越・鉢形、さらには松山・八王子といった戦国時代の新しい都市の地位の上昇があった。そして、長享の乱・永正の乱による山内上杉氏と扇谷上杉氏間の抗争の影響があり、政治的に不安定な地域を避けた流通体系も必要になった。このように考えられるのではなかろうか。

それにしてもその体系を生み出す基底にはさらに異なった条件が存在していた。自然条件・地形条件である。

河川をどこで渡河するか。このことは広域交通にあってはとりわけ重要な問題だった。

どこでも川を越せるわけではない。長い川でも限定された場所でしか渡河はできなかった。そしてその場所は権益を発生させた。渡河には船や橋が必要だった。そこから発生する権益を握るのは誰か。

歩いて渡るなら権益は必要ない。いや違う。そもそも渡れる場所を知っているのは誰か。情報も大きな財産だったのである。すくなくとも河川の渡河には専業集団がいたのだった。そのことは峠でも同じだった。

交通体系の要所要所には専業の者がいて、彼らを管理する人たちがいた。赤城山東側山麓の阿久沢家や碓氷峠の佐藤家などはその代表的な存在で、彼らの協力がなければ道は通行できなかった。峠だけではない。河川や一般の街道までも重層的に権利が存在し、その構造は時の領主に結びついていた。

了解がなければ通行はできない。さらに踏みこんで、かつ極端に言えば、遠隔地を結ぶ道路はすべて有料道路だったということになるのだろう。ただし、その有料道路を支えていた人びとはその地域の山の民・川の民という交通に携わる土地の人びとだった。そもそも当該地域の道路地図は彼らの頭のなかにしかなかったかもしれない。彼らの協力がなければ列島の通行など考えられなかった。

伊達政宗、織田信長に誼を通ぜんと欲す

天正十年(一五八二)、武田勝頼を滅ぼした織田信長の地位は確実なものとなった。このときに朝廷がなんらかの官職で処遇をおこなおうとしていたことは周知のことである。同時に各地の大名も信長への誼《よしみ》を求めた。

そのひとりに伊達政宗がいる。使者の派遣のためには京都までの道について安全の確保が必須となる。政宗の家臣遠藤基信は道を確保するため、由良国繁に使者を送る。「国と京都までを往還する人物の『路次』のつなぎについて便宜をはかってほしい」と政宗の内意を受けての環境づくりだった。

国繁は「まちがいなく取りはからう」と三月二十五日に伝える。上野国の領主である由良家が陸奥国米沢と京都の全行程を保証できるはずがない。したがって手紙の依頼の主旨も国繁が管轄する範囲だけであったろう。書状にも「路次伝」と街道をつなぐことを意図する文言となっている。おそらく伊達家は関係する諸領主に依頼を送っていたのだろう。

ところが、織田家の方針として東国のことは上野国厩橋の滝川一益が取り扱うと決められる。政宗が派遣する使者の行き先は厩橋となる。そのことを受けて遠藤基信は「使僧を送る」と国繁にたいして報じてきた。国繁はこれを受けて、「先に依頼を受けていることであるので、案内者をつけて送り届ける」と連絡する。万全の通行保証である。さらに

「今後もまちがいなく御用をつとめる」と確認まで申し送っている。おそらくなんらかの見返りもあったのであろう。

権力と地域社会の均衡のなかで

さらに時代は少し下って戦国時代最末期である。秀吉が関東奥羽に向かって惣無事令を発する。発令を受けて家臣富田一白《いっぱく》は使者派遣の準備をする。

はたして当時の豊臣政権がどれほどまでに東北地方の道を知っていただろうか。富田は太平洋側では相馬義胤に、日本海側では越後下越地方の本庄繁長にたいして『路次』についての頼む」と書状を送っている。彼らの協力が欠かせなかった。豊臣政権であっても地域と道との関係は無視できなかった。

織田信長は楽市楽座を開き、諸国の関を撤廃したという。しかし全国的な視野で見ると関所の撤廃は容易でなかったろう。それは豊臣時代になってもまだ助力を依頼していることが関連するのではなかろうか。

そもそも関銭は通行税として徴収されるだけのものではなく、通行に関する情報や労力の提供、船や橋などの利用の提供、そして安全の代償をともなってのものであったかもしれない。権力が安全を保証できたとしても、さまざまな利便のすべてについて即座に代替を提供できるものではない。道を支える地域のさまざまな人びとの活動があってこそ通行は可能であった。権力による諸関の撤廃はどれほどまでストレートに地域社会に届いただろうか。

権力と地域社会の均衡のなかで、中世における列島社会の交通は支えられていた。〝未知なる道〟から導かれた歴史像のひとつは、このようなことだった。

あとがき

二〇〇九年の春のことである。東海道の箱根路を三島へと歩いて下った。およそ四時間の山下りの行程である。同行の総勢二十名余。そのときのことは、一緒に山下りをした片岡正人記者が二〇〇九年五月二十二日付けの読売新聞朝刊で紹介している。

新聞記事にまでなるにはちょっとした理由があった。そう、いわゆる東海道五十三次で有名な江戸時代の東海道を下ったのではなく、それ以前の、中世の東海道ではないかと思われる道を下ったのだった。現地では「平安鎌倉古道」の名前で親しまれている道である。この街道は近世東海道から北に谷を隔てた尾根に、ほぼ平行して走っている。

江戸時代の東海道は天正十八年（一五九〇）に激戦のあった山中城（静岡県三島市）を通過する。したがって、近世東海道の起源は戦国時代の後半にはさかのぼることになる。とすればさらに以前の時代まで近世東海道はさかのぼるのではと考えるのだが、どうもそうではなかったらしい。

　ことの発端は、平安鎌倉古道の箱根峠付近に中世山城が発見されたことだった。どうやら古道と関係したらしいこの山城を、是非にも見てみたいと思い、調査に行った。たしかに山城は古道と関係していた。そして古道はすばらしい趣をもっていた。一度、この古道を歩いてみたい。そのように思っての企画だった。

　事前に調べ、歩いてみると、やはり戦国時代以前の東海道だろうと思った。そして、どうやらその移転は北条氏によって計画的に実施されたものだろうと推測できた。つまり、国道一号線として知られ、数多くの絵画が描かれた近世東海道は、後北条氏によって敷設されたということである。

　教科書では江戸幕府が五街道を整備したなどと書かれる。ところが、その実、詳しいことはわかっていない。しかし江戸と京都を結ぶ東海道、そしてその随一の難所である箱根の東海道、現代につながる国道一号線、この道は戦国大名北条氏によって整備されていた。そうだとすると、教科書の記述はどうなのであろうか、と思ってしまう。

　東海道に限ったことではない。中山道も甲州街道も中世まではさかのぼる。そうすると江戸幕府の成果としてことさら持ち上げることもあるまい。最近はこのように思っている。私がこのように発言すると、職場で叱責を浴びてみずからの立場を下げることにもなりかねないが、実のところそのように思っている。

案外、常識とされていたことが間違いであったということは、近年の歴史学では多々ある。中世の街道をたどってみるとそのようなことが感じられた。本書もそのような発見が大きくなって生まれたものだった。

最初の発見は「融雪による増水で川が渡れない」という古文書の記載にぶつかったときだった。現在では考えられないことになりつつある。ダムのおかげである。近年では脱ダム宣言や八ツ場《やんば》ダム問題など、ダムを否定的にとらえる傾向がある。当初は治水の上で必要として計画されたダムであるが、現在では世間一般に不要と思われるようになってしまったらしい。その正否までは今は問わないが、まずは、不要と認識されるほどまでに現代の治水が実現されていることが背景にあると気づくべきであろう。本書の立場からすると、中世人にとっては夢のような事態ということになろうか。

中世人の生活感覚を近年の治水技術は遠い過去のものとしてしまった。いいかえれば、現代の治水が達成されるまでは中世人の生活感覚は生きていた。おそらくは昭和二十二年(一九四七)のキャスリン台風の災害が起こるころまでは。

ふりかえれば、東海道五十三次は大井川などの河川の難所をもっていた。現代は新幹線でものともせずに、珈琲を飲みながら、わずかな時間で通過してしまう。この新幹線だって開業してから五十年には届かない。

およそ半世紀という時間で達成した発展は、私たちの生活感覚を大きくかえてしまった。忘れてしまったものは自然そのものであり、現在は自然から遊離した場に生活があるのかもしれない。エコを唱えつつ、自然から遊離した環境を維持しようとする現代の生活感覚は、いつか、そのツケを払うことになるかもしれない。私もその一因を担っているのだが。その忘れてしまった生活感覚の変化を、少しでも感じていただければ、まずは幸いである。振り返ってみれば、私の過去の人生はまさにその時代に重なる。

本書の意図をいちばん最初に受け止めて、「おもしろかった。言われてみればそうなんだよな～」とにこやかに驚いてくれたのは、本書の編集を担当してくださった横山建城さんだった。共感を得ていただけたこと、そしてご苦労をおかけしたことに感謝したい。

二〇〇九年十二月吉日

齋藤慎一

主な参考文献（書名・著者名五十音順）

【資料集】
『茨城県史料』中世編Ⅰ～Ⅵ（茨城県　一九七〇～九六）
『牛久市史料』中世Ⅰ・Ⅱ（牛久市　二〇〇二・二〇〇〇）
『小田原市史　史料編』中世Ⅱ・小田原北条1～中世Ⅲ・小田原北条2（小田原市　一九九一・一九九三）
「小田原北条氏文書補遺」（「小田原市郷土文化館研究報告」42　二〇〇六）
『小山市史　史料編・中世』（小山市　一九八〇）
『鹿沼市史　資料編　古代・中世』（鹿沼市　一九九九）
『北区史　資料編』古代・中世1・2（東京都北区　一九九四・一九九五）
『群馬県史　資料編』5・中世1～7・中世3（群馬県　一九七八～八六）
『甲府市史　史料編　第一巻　原始・古代・中世』（甲府市　一九八九）
国史大系『吾妻鏡』第一～四（吉川弘文館　一九三二～三三）
『静岡県史　資料編』7・中世三～8・中世四（静岡県　一九九四・一九九六）
『上越市史』別編1・2（上越市　二〇〇三・二〇〇四）

史料纂集『歴代古案』第一〜五（続群書類従完成会　一九九三〜二〇〇二）
『信長公記』（角川書店　一九六九）
新日本古典文学大系五一『中世日記紀行集』（岩波書店　一九九〇）
『新編　埼玉県史　資料編』5・中世1〜8・中世4（埼玉県　一九八二〜八六）
『新編　高崎市史　資料編4　中世Ⅱ』（高崎市　一九九四）
新編日本古典文学全集四八『中世日記紀行集』（小学館　一九九四）
『新横須賀市史』資料編　古代・中世2（横須賀市　二〇〇七）
『戦国遺文　古河公方編』（東京堂出版　二〇〇六）
『戦国遺文　後北条氏編』第一巻〜補遺編（東京堂出版　一九八九〜二〇〇〇）
『戦国遺文　武田氏編』第一巻〜第六巻（東京堂出版　二〇〇二〜〇六）
『高根沢町史』史料編Ⅰ　原始古代中世（高根沢町　一九九五）
『千葉県の歴史　資料編』中世3〜5（千葉県二〇〇一・二〇〇三・二〇〇五）
『栃木県史　史料編』中世一〜五（栃木県　一九七三〜七六）
『新潟県史　資料編』3・中世一〜5・中世三（新潟県　一九八二〜八四）
日本古典文学大系『太平記』一〜三（岩波書店　一九六〇〜六二）
『平塚市史　1　資料編　古代・中世』（平塚市　一九八五）
『福井県史　資料編2　中世』（福井県　一九八六）
『福島県史』第7巻　資料編2　古代・中世資料（福島県　一九六六）
『藤岡町史　資料編　古代・中世』（藤岡町　一九九九）

『山梨県史　資料編』4・中世1～6・中世3下（山梨県　一九九九・二〇〇二）
『和光市史　史料編一　自然 原始 古代 中世 近世（地誌・紀行）』（和光市　一九八一）

【書籍・論文等】

相田二郎　『中世の関所』（一九四三初版　吉川弘文館 一九八三復刊）
浅野晴樹　「東国における中世在地系土器について」（『国立歴史民俗博物館研究報告』第31集　一九九一）
「鎌倉街道の考古学」（『鎌倉時代の考古学』高志書院　二〇〇六）
阿蘇品保夫　「中世における橋の諸相と架橋」（熊本県立美術館「研究紀要」第七号　一九九五）
足立区郷土博物館特別展　『隅田川の古代・中世世界』図録（足立区郷土博物館　二〇〇一）
阿部浩一　「戦国期東国の問屋と水陸交通」（都市史研究会「年報都市史研究」第四号　一九九六）
網野善彦　『悪党と海賊』（法政大学出版局　一九九五）
『日本中世都市の世界』（筑摩書房　一九九六）
飯村均　「東国の宿・市・津」（『中世のみちと物流』山川出版社　一九九九）
井上鋭夫　『山の民・川の民』（平凡社選書　一九八一）
梅沢太久夫　『城郭資料集成　中世北武蔵の城』（岩田書院　二〇〇三）
江田郁夫　「奥大道と下野―中世大道の特質について―」（東北史学会「歴史」第96輯　二〇〇一）

小笠原好彦編　『勢多唐橋』（六興出版　一九九〇）
岡野友彦　「中世東国の水運と江戸の位置付け―家康はなぜ江戸を選んだのか―」（『東京都江戸東京博物館研究報告』第二号　一九九七）
小川信　思文閣史学叢書『中世都市「府中」の展開』（思文閣出版　二〇〇一）
小野一之　「中世『武蔵野』開発と歌枕の変貌」（『多摩のあゆみ』第92号　一九九八）
「国府をめざす他阿真教―中世都市と時宗―」（『一遍聖絵を読み解く』吉川弘文館　一九九九）
「古代・中世の多磨郡と武蔵国府」（『中央史学』第26号　二〇〇三）
上高津貝塚ふるさと歴史の広場編　『焼き物にみる中世の世界』展図録（一九九九）
かみつけの里博物館　『鍋について考える』展図録（二〇〇〇）
黒田日出男　「絵画に中世の静岡を読む」（『静岡県史研究』第一四号　一九九七）
古河歴史博物館　資料調査報告書『野田家文書』（古河歴史博物館　二〇〇三）
児玉幸多ほか　『日本城郭大系　6　千葉・神奈川』（新人物往来社　一九八〇）
小林高　「推定鎌倉街道上道跡」（藤原良章編『中世のみちを探る』高志書院　二〇〇四）
埼玉県埋蔵文化財調査事業団報告書第99集『堂山下遺跡』（一九九一）
埼玉県立歴史資料館編　埼玉県歴史の道調査報告書『県内鎌倉街道伝承地所在確認調査報告書』（埼玉県教育委員会　一九八二）
埼玉県立歴史資料館編　歴史の道調査報告書第一集『鎌倉街道上道』（埼玉県教育委員会　一九八三）

埼玉県立歴史資料館編　『埼玉の中世寺院跡』（埼玉県教育委員会　一九九二）
齋藤慎一　「中世東国における河川水量と渡河」（『東京都江戸東京博物館研究報告』第四号　一九九九）
「戦国期『由井』の政治的位置」（『東京都江戸東京博物館研究報告』第六号　二〇〇一）
「中世の舟橋」（葛飾区郷土と天文の博物館『金町松戸関所―将軍御成と船橋―』展図録　二〇〇三）
「利根川を渡れない中世の河川に対する意識」（『UP』372号　二〇〇三）
「鎌倉街道上道と北関東」（『中世東国の世界1北関東』高志書院　二〇〇三）
「南関東の都市と街道」（『中世東国の世界2南関東』高志書院　二〇〇四）
「中世東国の街道とその変遷」（『戦国の城』高志書院　二〇〇五）
桜井英治　『日本中世の経済構造』（岩波書店　一九九六）
佐々木銀弥　「戦国大名の荷留について」（『日本中世の流通と対外関係』吉川弘文館　一九九四）
澤井優子　「中世東国の地域社会における宿と道―鎌倉街道周辺の宿の成立と背景―」（『年報都市史研究』第五号　一九九七）
柴田龍二　「鎌倉道と市―袖ヶ浦市山谷遺跡の成果から―」（財団法人千葉県文化財センター「研究連絡誌」第四一号　一九九四）
新城常三　畝傍史学叢書『戦国時代の交通』（畝傍書房　一九四三）

日本歴史叢書『鎌倉時代の交通』（吉川弘文館　一九六七）
高橋昌明　『中世水運史の研究』（塙書房　一九九四）
『新稿 社寺参詣の社会経済史的研究』（塙書房　二〇〇六）
『酒呑童子の誕生――もうひとつの日本文化』（中公新書　一九九二）
玉井哲雄　『江戸　失われた都市空間を読む』（平凡社　一九八六）
鶴崎裕雄　「連歌師」（『文学』二〇〇二年九・一〇月号）
東京大学埋蔵文化財調査室　『新井城跡　理学部附属臨海実験所新研究棟地点発掘調査概要報告』（一九九七）
徳田釼一　『増補　中世における水運の発達』（巌南堂　一九三六）
栃木県教育委員会　『金山遺跡』Ⅰ・Ⅳ・Ⅴ（一九九三・九六・九七）
中野区教育委員会　『中野城山居館跡発掘調査報告書』（一九九一）
『城山居館遺跡（旧ひだまり広場）現地説明会資料』（二〇〇三）
七沢神出遺跡発掘調査団　『七沢神出遺跡発掘調査報告書』（厚木市　一九九四）
服部英雄　『峠の歴史学――古道をたずねて』（朝日選書　二〇〇七）
深澤靖幸　「武蔵府中と鎌倉街道上道」（『多摩のあゆみ』第92号　一九九八）
藤木久志編　『日本中世気象災害史年表稿』（高志書院　二〇〇七）
藤沢市西部開発事務局　『第一次大庭城址発掘調査概報』（一九六八）
『第二次大庭城址発掘調査概報』（一九六八）
藤原良章　「絵巻の中の橋」（「帝京大学山梨文化財研究所研究報告」第八集　一九九七）

藤原良章・村井章介編『中世のみちと物流』（山川出版社　一九九九）
松村博『大井川に橋がなかった理由』（創元社　二〇〇一）
水口由紀子・栗岡眞理子「菅谷館跡出土遺物の再検討」（『埼玉県立歴史資料館研究紀要』第25号　二〇〇三）
峰岸純夫「中世東国の水運について」（『国史学』第一四一号　一九九〇）
『中世東国の荘園公領と宗教』（吉川弘文館　二〇〇六）
『中世の合戦と城郭』（高志書院　二〇〇九）
峰岸純夫・村井章介編『中世東国の物流と都市』（山川出版社　一九九五）
村田修三『図説中世城郭事典』第一巻（新人物往来社　一九八七）
毛呂山町教育委員会　毛呂山町埋蔵文化財調査報告書21集『堂山下遺跡・鎌倉街道B遺跡』（二〇〇一）
山田邦明『鎌倉府と関東―中世の政治秩序と在地社会―』（校倉書房　一九九五）
『戦国のコミュニケーション』（吉川弘文館　二〇〇二）
湯山学「大江姓長井氏の最後」（『多摩のあゆみ』第7号　一九七七）
藤沢文庫3『藤沢の武士と城』（名著出版　一九七九）
横浜市ふるさと歴史財団　埋蔵文化財センター編『茅ヶ崎城Ⅱ』（一九九四）
『茅ヶ崎城Ⅲ』（二〇〇〇）
横浜市埋蔵文化財センター編『茅ヶ崎城Ⅰ』（一九九一）

年号	西暦	事項
		た家康と和し「関東惣無事」実現を目指す。佐竹義重、壬生・鹿沼を攻撃。
天正15	1587	豊臣秀吉、九州を平定。北条氏直、秀吉襲来に備え、総動員態勢に入る。
16	1588	佐竹義宣・蘆名義広、陸奥郡山で伊達政宗と対戦。北条氏規、上洛・出仕。
17	1589	伊達政宗、佐竹・蘆名・岩城連合軍に摺上原で勝利し、蘆名領を制圧。北条方、真田領分名胡桃城を奪取。豊臣秀吉の討伐対象となる。
18	1590	豊臣秀吉、北条氏攻撃開始。佐竹・宇都宮・結城・里見氏ら小田原参陣。北条氏直、小田原を開城、北条家滅亡。

年号	西暦	事項
		城・那須氏ら、常陸小川の原で北条軍と抗戦。
天正7	1579	関東地方で洪水発生。上杉景勝、景虎派を破り実権掌握。武田勝頼、佐竹・宇都宮・結城氏と同盟。
8	1580	武田勝頼、利根川の瀬を調査して上野へ侵攻。佐竹義重、織田信長と講和。北条氏政・氏直、織田信長に服属し、武田・上杉・反北条連合勢力に対抗。
9	1581	徳川家康、高天神城を攻略、武田家劣勢に立つ。反北条連合軍、榎本・祇園城攻撃。
10	1582	浅間山噴火。武蔵国で洪水。武田勝頼、織田信長に攻められ天目山で自刃する。武田家滅亡。滝川一益、上野入部。本能寺の変。北条氏直、神流川で一益を撃破し、徳川家康と甲斐若神子で対戦。
11	1583	賤ケ岳の合戦。羽柴秀吉、大坂築城を着工。関東地方で大洪水。北条氏直、徳川家康と和睦。上杉景勝、家康と信濃支配をめぐり対立。
12	1584	小牧長久手の戦いが起こる。上杉景勝、栗林政頼に三国街道の荒砥城を任せる。北条氏直、徳川家康と結び反北条連合と下野国沼尻で対戦。
13	1585	羽柴秀吉、根来・雑賀一揆を討ち、四国を平定する。佐竹義重、壬生・鹿沼・羽生田城を攻撃。北条氏直、宇都宮城を攻撃。伊達政宗、佐竹・蘆名軍と本宮人取橋で激突。
14	1586	豊臣賜姓、秀吉、太政大臣となる。ま

年号	西暦	事項
		壊。小田氏治が越後上杉家の家臣である井田与三右衛門尉にあてて書状を出す。武田信玄、三方が原の戦いで徳川家康を破る。
天正元	1573	氏政・氏照、関宿城攻撃を開始。この年、北条氏政が会津の蘆名家に関東情勢について書状を送る。武田信玄が没する。室町幕府滅亡。織田信長、朝倉義景・浅井長政を滅ぼす。
2	1574	佐竹義重、赤館攻略。上杉謙信、春に関東出陣するが利根川の増水に阻まれる。秋の出陣では関宿城の処置を佐竹義重に委ね、羽生城などを引き払う。義重、北条氏と和睦し、関宿城接収を容認。この年、常陸国にいた太田資正に上杉謙信が書状を出す。織田信長、領国内の街道整備の命令を出す。蘆名盛興没。
3	1575	織田信長、長篠の戦いで武田勝頼に勝利する。武蔵・相模国で洪水発生。里見義弘、下総侵攻。千葉邦胤、里見軍に対抗。佐竹義重、白川領の大半を制圧。赤城山東側山麓の街道をめぐって合戦が起きる。
4	1576	織田信長、安土入城。石山本願寺攻めを行う。この頃、北条氏政・氏照、祇園城を攻略、小山秀綱父子を追う。
5	1577	織田信長、安土城下を楽市とする。北条氏政、里見義弘と和睦。
6	1578	上杉謙信が没し、御館の乱が起こる。武蔵国で洪水発生。佐竹・宇都宮・結

年　号	西暦	事　　　　項
		義昭、那須資胤を攻撃。
永禄7	1564	上杉謙信、佐野昌綱を下す。佐竹義昭、宇都宮広綱と小田城攻撃、小田領の半ばを制圧。武田信玄、上野侵攻、倉賀野城を攻略。上杉謙信、川中島へ出陣。太田氏資、父資正らを放逐。
8	1565	関宿付近で洪水。小田氏治、小田城奪回。上杉謙信、関東へ出陣。
9	1566	諸国で飢饉、関東地方では大雨による洪水が発生。上杉謙信、千葉・原氏攻略を目指し臼井城で敗北。小山・小田・宇都宮・結城氏、北条氏に屈服。武田信玄、西上野の箕輪城を制圧。
10	1567	武田信玄、西上野制圧。北条氏政、上総へ渡海、三船山で里見義弘に敗北。その後、上野国赤岩に舟橋を懸け、下野国佐野を攻める。上杉謙信、赤城山東側山麓の街道を整備する。
11	1568	武蔵国に洪水発生。北条氏政、簗田氏の関宿城攻撃。武田信玄の駿河侵攻により、越相甲三国同盟が崩壊する。織田信長、足利義昭を奉じて入京する。
12	1569	北条・上杉氏の和睦成立。武田信玄、小田原城攻撃。佐竹・里見氏、信玄と結び北条氏へ攻勢。小田氏は小田城を失う。
元亀元	1570	佐竹義重、那須氏攻撃。蘆名盛氏、南郷へ侵攻、佐竹方を撃破。姉川の戦い。
2	1571	小田氏治、上杉謙信と結んで佐竹義重に対抗。
3	1572	「越相一和」崩壊。武田・佐竹同盟も崩

年号	西暦	事項
天文20	1551	上杉憲政の平井城が落城。
21	1552	上杉憲政、北条氏康に追われ、越後国長尾景虎（上杉謙信）を頼る。北条氏康、足利晴氏に甥義氏へ公方家の家督を譲らせる。
22	1553	第一次川中島の合戦。
弘治元	1555	織田信長、尾張国清洲城に進出。第二次川中島の合戦。
2	1556	北条氏康、結城政勝を助け小田氏治を攻撃。
3	1557	第三次川中島の合戦。
永禄3	1560	織田信長、桶狭間の戦いで今川義元を討ち取る。北条氏康、里見義堯の久留里城を攻囲。長尾景虎、関東へ出陣、上野・武蔵・下野・房総等の諸士を従える。佐竹義昭、陸奥南郷の寺山城を攻略。
4	1561	長尾景虎（上杉謙信）、小田原城攻撃、上杉憲政から関東管領職と上杉家名を譲渡。那須資胤と上杉謙信が武蔵国三田領勝沼をめぐって調整する。
5	1562	佐野昌綱・成田長泰、上杉謙信から離反。千葉胤富、正木氏へ反撃。北条氏康、葛西城を奪回。謙信、越後へ帰陣。足利藤氏ら、里見氏を頼る。
6	1563	関東地方で大洪水。大掾貞国、小田氏治と三村に戦い戦死。北条氏康、武田信玄と結び上野・武蔵へ出陣。武蔵松山を攻撃。上杉謙信、武蔵へ出陣、騎西城・祇園城を攻撃。里見義弘、下総市川へ出陣、氏康と激戦し敗北。佐竹

年号	西暦	事項
		上杉憲房と北条氏綱が争う。
大永5	1525	大風雨があり、鎌倉で洪水。扇谷上杉朝興や北条氏綱が長尾為景に書状を出す。
7	1527	浅間山大噴火。上野総社・白井の長尾氏と箕輪・厩橋の長野氏との抗争。
享禄2	1529	佐竹義篤、弟義元と抗争開始。
4	1531	足利高基・晴氏父子の対立。この頃、小山氏の内紛。結城氏の内紛。
天文2	1533	相模国で洪水。陸路に影響が出る。
5	1536	南関東で洪水。陸路に影響が出る。
6	1537	北条氏綱、河越・松山城の攻防に勝利。武蔵中央部へ進出。
7	1538	大雨。戸部川橋（横浜市帷子川か）が破損。足利晴氏・北条氏綱、足利義明・里見義堯軍を撃破。
8	1539	諸国で洪水発生。信濃では橋がことごとく流れる。
9	1540	諸国で洪水発生。東国では例年を上回る規模。
10	1541	上杉憲政、河越城奪回に失敗。
13	1544	諸国で洪水発生。
14	1545	北条氏康・扇谷上杉朝定、河越城攻撃を開始。
15	1546	北条氏康、河越で両上杉軍を撃破。上杉憲政、平井城へ敗走。宇都宮俊綱、結城・小山氏を攻撃。
17	1548	長尾景虎、晴景に勝利し春日山入城。
19	1550	上野国で洪水。原胤貞が臼井域に入城。北条氏康、上杉憲政の平井城攻撃を開始。

年号	西暦	事項
明応7	1498	伊勢宗瑞（北条早雲）、堀越公方足利茶々丸を滅ぼす。
8	1499	諸国で飢饉。
9	1500	武蔵国で洪水。武蔵国入間川羽根倉橋（さいたま市―志木市）が流れる。
永正元	1504	諸国で飢饉。立河原の合戦。越前国朝倉家が加賀国一向一揆に対抗して、国境を封鎖する。
2	1505	諸国で飢饉。扇谷上杉朝良、山内上杉顕定に屈服し、中野陣で和平を結ぶ。
3	1506	古河公方足利政氏、子の高基と対立する。
6	1509	鬼怒川・那珂川で洪水。山内上杉顕定、長尾為景討伐に越後出陣。翌年越後で戦死。
7	1510	古河公方家の内紛。上田蔵人入道が伊勢宗瑞の誘いに応じて、両上杉家から翻意する。
13	1516	鎌倉で洪水被害。伊勢宗瑞、新井城を攻略し三浦氏を滅ぼす。この状況を上杉朝良が陸奥国普門寺に報じる。
14	1517	上野国で大洪水。足利義明、真理谷武田氏に擁立され下総国小弓城を拠点とする。小弓御所の成立。今川勢が竹の大縄で結って舟橋を架け、洪水の天龍川を渡る。
15	1518	諸国で飢饉。将軍足利義稙、越前国から加賀国への路次を開くように命じる。
大永元	1521	蘆名氏の内紛。
4	1524	伊勢氏綱、江戸城攻略。この頃から北条を名乗る。武蔵国毛呂城をめぐって

年号	西暦	事項
		洪水で足利が被害を受ける。
正長元	1428	正長の土一揆が起こる。北関東で洪水が発生。
永享10	1438	永享の乱が起こる。
12	1440	結城合戦が起こる。
嘉吉元	1441	足利義教が暗殺され、嘉吉の乱が起こる。
享徳元	1452	下野国ほか諸国で洪水が起こる。
3	1454	享徳の乱が起こり、関東が戦国時代になる。
康正元	1455	足利成氏、下総国古河に拠点を移す。古河公方の成立。
長禄元	1457	室町幕府将軍足利義政、足利政知を東国に派遣する。堀越公方の成立。太田道灌が江戸城を築城する。
応仁元	1467	京都を中心に、応仁の乱が起こる。
文明5	1473	足利義尚、室町幕府第9代将軍となる。
6	1474	太田道灌、江戸城で歌会を開催する。
8	1476	太田道灌、駿河国今川家の内紛に介入する。長尾景春の乱が起こる。
10	1478	太田道灌、豊島氏を攻め、豊島家滅亡する。
14	1482	足利義政と足利成氏和睦、享徳の乱終結。武蔵国・上野国で洪水が起こる。
17	1485	山城の国一揆が起こる。
18	1486	太田道灌、糟屋で暗殺される。
長享元	1487	山内上杉氏と扇谷上杉氏が対立し、長享の乱が起こる。
長享2	1488	加賀国に一向一揆が起こる。
明応4	1495	鎌倉で洪水。
5	1496	諸国で暴風雨、洪水が起こる。

年号	西暦	事項
正慶2・元弘3	1333	新田義貞挙兵し、鎌倉を攻める。鎌倉幕府滅亡。
建武2	1335	中先代の乱が起こる。
建武3・延元元	1336	足利尊氏、室町幕府を開く。
建武4・延元2	1337	北畠顕家、陸奥より南下し、鎌倉を攻め、上洛の途につく。
暦応元・延元3	1338	足利尊氏、征夷大将軍になる。
暦応4・興国2	1341	高師冬、常陸国大宝城を攻める。
康永2・興国4	1343	関・大宝城、陥落。
康永3・興国5	1344	諸国で洪水が起こる。
観応元・正平5	1350	観応の擾乱がはじまる。
文和元・正平7	1352	足利直義、毒殺される。
文和2・正平8	1353	鎌倉公方足利基氏、入間川陣を構える。
文和3・正平9	1354	諸国で洪水が起こる。
貞治2・正平18	1363	鎌倉公方足利基氏、武蔵国苦林野で宇都宮勢と戦う。
応安元・正平23	1368	足利義満、室町幕府第3代将軍となる。
応安3・建徳元	1370	相模国で洪水が起こる。
康暦2・天授6	1380	小山義政の乱が起こる。
明徳元・元中7	1390	諸国で洪水が起こる。
明徳2・元中8	1391	明徳の乱が起こる。
明徳3・元中9	1392	南北朝合体。武蔵国で洪水が起こる。
明徳4・元中10	1393	諸国で洪水が起こる。
応永6	1399	応永の乱が起こる。
13	1406	諸国で洪水が起こる。
16	1409	足利持氏、鎌倉公方になる。
23	1416	上杉禅秀の乱が起こる。
26	1419	関東地方で洪水が起こる。一説に7～9月にかけて10回。
27	1420	関東地方各地で洪水が起こる。
34	1427	下野国ほか関東地方で洪水。渡良瀬川

■略年表

＊作成にあたり、藤木久志編『日本中世気象災害史年表稿』（高志書院　2007）および市村高男『東国の戦国合戦　戦争の日本史 10』（吉川弘文館　2009）を参考にした。

講談社現代新書　2040

中《ちゅう》世《せい》を道《みち》から読《よ》む

二〇一〇年二月二〇日第一刷発行

著者　齋藤慎一《さいとうしんいち》

発行者　鈴木　哲

発行所　株式会社講談社

東京都文京区音羽二丁目一二―二一　郵便番号一一二―八〇〇一

電話　出版部　〇三―五三九五―三五二一

販売部　〇三―五三九五―五八一七

業務部　〇三―五三九五―三六一五

装幀者　中島英樹

印刷所　大日本印刷株式会社

製本所　株式会社大進堂

定価はカバーに表示してあります　Printed in Japan

N.D.C.210.4　236p　18cm

ISBN978-4-06-288040-4

「講談社現代新書」の刊行にあたって

教養は万人が身をもって養い創造すべきものであって、一部の専門家の占有物として、ただ一方的に人々の手もとに配布され伝達されうるものではありません。

しかし、不幸にしてわが国の現状では、教養の重要な養いとなるべき書物は、ほとんど講壇からの天下りや単なる解説に終始し、知識技術を真剣に希求する青少年・学生・一般民衆の根本的な疑問や興味は、けっして十分に答えられ、解きほぐされ、手引きされることがありません。万人の内奥から発した真正の教養への芽ばえが、こうして放置され、むなしく滅びさる運命にゆだねられているのです。

このことは、中・高校だけで教育をおわる人々の成長をはばんでいるだけでなく、大学に進んだり、インテリと目されたりする人々の精神力の健康さえもむしばみ、わが国の文化の実質をまことに脆弱なものにしています。単なる博識以上の根強い思索力・判断力、および確かな技術にささえられた教養を必要とする日本の将来にとって、これは真剣に憂慮されなければならない事態であるといわなければなりません。

わたしたちの「講談社現代新書」は、この事態の克服を意図して計画されたものです。これによってわたしたちは、講壇からの天下りでもなく、単なる解説書でもない、もっぱら万人の魂に生ずる初発的かつ根本的な問題をとらえ、掘り起こし、手引きし、しかも最新の知識への展望を万人に確立させる書物を、新しく世の中に送り出したいと念願しています。

わたしたちは、創業以来民衆を対象とする啓蒙の仕事に専心してきた講談社にとって、これこそもっともふさわしい課題であり、伝統ある出版社としての義務でもあると考えているのです。

一九六四年四月　野間省一

日本史

369 地図の歴史（日本篇） 織田武雄
1092 三くだり半と縁切寺 ―― 高木侃
1258 身分差別社会の真実 ― 斎藤洋一／大石慎三郎
1259 貧農史観を見直す ― 佐藤常雄／大石慎三郎
1265 七三一部隊 ―― 常石敬一
1292 日光東照宮の謎 ―― 高藤晴俊
1322 藤原氏千年 ―― 朧谷寿
1379 白村江 ―― 遠山美都男
1394 参勤交代 ―― 山本博文
1414 謎とき日本近現代史 野島博之
1482 「家族」と「幸福」の戦後史 三浦展
1599 戦争の日本近現代史 加藤陽子
1617 「大東亜」戦争を知っていますか ―― 倉沢愛子
1648 天皇と日本の起源 遠山美都男
1680 鉄道ひとつばなし ―― 原武史
1685 謎とき本能寺の変 ―― 藤田達生
1702 日本史の考え方 ―― 石川晶康
1707 参謀本部と陸軍大学校 黒野耐
1709 日本書紀の読み方 遠山美都男 編
1794 女帝の古代史 ―― 成清弘和
1797 「特攻」と日本人 ―― 保阪正康
1830 江戸時代の設計者 ―― 藤田達生
1843 偽りの大化改新 ―― 中村修也
1885 鉄道ひとつばなし2 ―― 原武史
1900 日中戦争 ―― 小林英夫
1904 八幡神と神仏習合 ―― 逵日出典
1911 枢密院議長の日記 ―― 佐野眞一
1918 日本人はなぜキツネにだまされなくなったのか 内山節
1924 東京裁判 ―― 日暮吉延
1931 幕臣たちの明治維新 安藤優一郎
1971 歴史と外交 ―― 東郷和彦
1982 皇軍兵士の日常生活 一ノ瀬俊也
1986 日清戦争 ―― 佐谷眞木人
1999 吉田茂と昭和史 ―― 井上寿一
2012 戊辰雪冤 ―― 友田昌宏
2019 大佛次郎の「大東亜戦争」 ―― 小川和也
2022 奪われた「三種の神器」 渡邉大門

日本語・日本文化

105 タテ社会の人間関係　中根千枝
293 日本人の意識構造——会田雄次
444 出雲神話——松前健
1193 漢字の字源——阿辻哲次
1200 外国語としての日本語——佐々木瑞枝
1239 武士道とエロス——氏家幹人
1262 「世間」とは何か——阿部謹也
1384 マンガと「戦争」——夏目房之介
1432 江戸の性風俗——氏家幹人
1448 日本人のしつけは衰退したか——広田照幸
1551 キリスト教と日本人　井上章一
1618 まちがいだらけの日本語文法　町田健
1738 大人のための文章教室　清水義範
1878 茶人たちの日本文化史——谷晃
1889 なぜ日本人は劣化したか——香山リカ
1928 漢字を楽しむ——阿辻哲次
1935 中学入試国語のルール　石原千秋
1943 なぜ日本人は学ばなくなったのか——齋藤孝
1947 落語の国からのぞいてみれば——堀井憲一郎
2006 「空気」と「世間」——鴻上尚史
2007 落語論——堀井憲一郎
2013 日本語という外国語　荒川洋平